Jörg Zink

Die Mitte der Nacht ist der Anfang des Tages

JÖRG ZINK

Die Mitte der Nacht ist der Anfang des Tages

Bilder und Gedanken zu den Grenzen unseres Lebens

Kreuz

Inhalt

Ich hoffe auf dich,
Herr!
Meine Seele wartet auf dich
wie ein Wächter auf den Morgen,
sehnlicher, ja,
als ein Wächter
auf den Morgen wartet.

Aus Psalm 130

Das halten wir fest,
dass das Heil kommt.
Gott hat es versprochen,
und wir tun wohl,
das Wort zu bewahren,
ein Licht, leuchtend
an einem dunklen Ort,
bis der Tag anbricht
und der Morgenstern aufgeht
in unseren Herzen.

Aus dem 2. Brief des Petrus

Vorwort

Es ist im Grunde selbstverständlich: Die Mitte der Nacht ist der Anfang des Tages. Nach unserem Kalender und unserem Empfinden für den Rhythmus der Zeit beginnt der Tag, solange Tage und Nächte auf dieser Erde einander folgen, um Mitternacht.

Aber es liegt mehr in diesem einfachen Wort. Der alte Hymnus, aus dem es stammt, lautet:

> Die Mitte der Nacht ist der Anfang des Tages,
> die Mitte der Not ist der Anfang des Lichts.

Wenn es also sagen will, die Mitte unseres Leidens sei der Anfang unserer Heilung oder unserer Befreiung, dann gehört ein kühner Glaube dazu, es auszusprechen.

Es meint also, die Nacht unserer Angst sei der Anfang des Vertrauens. Die Mitte unserer Schwermut sei der Anfang des Mutes und der Lebensfreude. Die Mitte unserer Schwäche sei der Anfang der Kraft. Die Mitte unserer Schmerzen sei der Anfang unserer Dankbarkeit dafür, dass sie enden. Die Mitte unserer Krankheit sei der Anfang eines neuen Wissens und einer neuen Feinfühligkeit. Es will sagen: Alles Schwere, das dich trifft, will dich weiterführen in ein Leben mit mehr Klarheit und Einsicht, in mehr Hingabefähigkeit. In allem, das dir wie ein Ende erscheint, liegt ein neuer Anfang. In allem Zweifel an Gottes Güte und Gerechtigkeit kommt dir Gott auf eine neue Weise näher. Und es will zuletzt noch sagen: Die tiefe Nacht, die sich um Gott legen kann, den rätselhaften und dunklen Gott, ist der Anfang einer neuen und tieferen Erkenntnis. Aber so kann wohl nur der sprechen, der es erfahren hat und der dabei gelernt hat, in die Dunkelheit und ins Unbekannte hineinzugehen wie in einen hellen Tag.

Vor mehr als dreißig Jahren habe ich dieses Wort für dieses Buch als Titel gewählt, und ich kann heute, nach so langer Zeit und als ein mittlerweile alter Mann, sagen: Es hat sich mir in unzähligen Erfahrungen, in meinen persönlichen wie auch in den Erfahrungen vieler Menschen, die an der Grenze ihres Glaubens und ihres Mutes waren, an der Grenze ihrer Kraft und ihrer Leidensfähigkeit, als durch und durch wahr erwiesen. Ich kann es heute mit derselben Gewissheit niederschreiben wie damals.

Die entscheidenden Punkte, an denen unserem Verstand ein Licht aufgehen kann, sind immer noch die dunklen Fragen nach dem Sinn menschlichen Leidens und nach dem Gott, der es verhängt. Wer mit Vertrauen und Zuversicht alt werden will, muss sich einmal, oder besser: muss sich oft und bis an den Rand, an dem der Glaube in einen Abgrund stürzt, gefragt haben, woher er komme und wohin er am Ende gehe, oder wie er von der Schuld und dem Versagen seiner Lebensgeschichte frei werde, was es mit der seltsamen Zumutung auf sich habe, dass er leben solle, oder was er mit dem Abnehmen und dem Sterben und mit der Hoffnung der Christen anfangen solle.

Er wird dabei merken, dass der Verstand allein die Antwort nicht finden wird. Es geht nicht ums Einmaleins, sondern ums Leben. Und es müssen Erfahrungen gemacht werden, wenn Verstand und Herz etwas begreifen wollen. Die Antworten, die man am Ende findet, müssen nicht nur durchdacht, sondern vor allem durchlebt werden. Und alles, was darin allzu einfach ist, wird uns nichts helfen.

Lassen Sie sich also Zeit mit den Gedanken, die in diesem Buch vor Ihnen ausgebreitet werden. Und wenn Sie nicht sofort alles nachvollziehen können, was die Worte sagen und die Bilder zeigen, dann verlieren Sie nicht die Geduld, verlieren Sie auch nicht die Geduld mit sich selbst. Sie brauchen das Buch nicht von Anfang bis Ende in einem Zug zu lesen. Schlagen Sie es einmal hier und einmal dort auf und legen Sie es wieder aus der Hand. Vielleicht hat es seinen geeigneten Platz auf Ihrem Nachttisch. Vielleicht finden Sie in schlaflosen Nächten oder in langen Tagen der Kraftlosigkeit das eine oder andere Gedicht, Lied oder Wort. Vielleicht können Sie es sich so einprägen, dass Sie es, wenn es dunkel ist, auswendig nachsprechen können, ehe Sie irgendwann weiterlesen.

Das Buch hat Bilder. Schöne alte Tafeln aus der Malerei des Mittelalters. Aber sie sind nicht nur schön und voll Tiefe und ruhiger Kraft, sie wollen auch bewusst gesehen und in Ihr Nachdenken aufgenommen werden. Es sind Bilder aus dem Leben und Leiden jenes Mannes, von dem wir Christen unseren Namen haben, Jesus von Nazaret, der uns die Wahrheit jenes Wortes, dass die Mitte der Nacht der Anfang des Tages sei, vorgelebt hat, und von dem wir das Vertrauen haben, dass es so auch für uns selbst gelte.

Seit mehr als tausend Jahren hat man den Lebensweg des Menschen im Lebensweg von Jesus Christus, besonders aber im so genannten »Kreuzweg« vorgebildet gesehen. Er ging diesen Weg durch Angst, Schmerzen und Tod, und er ging ihn uns voraus, denen er wie allen Menschen bestimmt ist. Wir begegnen also, indem wir uns seinen Weg vor Augen stellen, unserem eigenen Geschick und erfahren dabei, wie unser eigener Weg Richtung und Sinn gewinnt. Und es ist gut, wenn Sie solche Bilder betrachten, solange Sie die Kraft dazu haben, damit sie noch vor Ihrer Seele stehen, wenn Sie nicht mehr nachdenken können oder wollen.

Die wichtigsten Fragen, die wir stellen können, lassen sich am schwersten lösen. Niemand hat bisher die Antwort gefunden auf die Frage nach dem Sinn des Lebens. Aber wir können einen Glauben finden, der so ist, dass wir unsere bohrenden und quälenden Fragen aus der Hand legen können. Er gibt zwar keinen Bescheid, aber er bringt den Frieden, und der Friede ist mehr als alles Wissen über die Rätsel und Geheimnisse der Welt. Und er bringt am Ende das Vertrauen, dass in der Mitte auch der dunkelsten Nacht ein lichter Tag beginnt, der Tag Gottes, an dem wir in ein neues Leben aufstehen, hier noch auf unserer Erde und am Ende, wenn wir in einer anderen Welt wiedererwachen.

Eine Tür geht auf

Es ist lange her. Da stand dieses Bild täglich vor mir auf dem Tisch in dem Zimmer, in dem die Menschen aus- und eingingen, die mit mir sprechen wollten, und ich kam nicht davon los. Ein altdeutsches Tafelbild. Da sitzt eine Frau, umgeben von einem Zaun, vor einem Gebäude, das wohl ein Grabmal meint. Sie sitzt im dunklen Gewand, ein weißes Tuch vor dem Gesicht, und das Gesicht ist gezeichnet von Last und Leid. Ihr gegenüber steht ein Engel, der ihr ähnlich ist, als wäre er ihr Bruder. Er hebt die Hand zum Zeichen, dass er ihr etwas sagen will. Aber er sagt das nicht mit dem aufmunternden Gesicht, mit dem wir so leichthin zu sagen pflegen: »Kopf hoch! Er wird schon wieder!«, sondern mit dem Gesicht eines Wissenden, der sieht, wie schwer das wiegt, was sie zu tragen hat. Und in diesem Wissen ist er ihr sehr nahe. Diese Nähe war es, was mich nicht losließ. Wenn doch, so empfand ich dabei, jeden Menschen, der so eingezäunt lebt in seinen Jammer, ein Grab vor Augen, das Grab eines Menschen oder das Grab einer Hoffnung, ein Engel besuchte! Aber es müsste ein Engel dieser Art sein. Wenn es doch Menschen gäbe, die bereit sind, die Gestalt eines solchen Engels anzunehmen. Und wenn nur ich es wäre, der sagen könnte, was dieser Engel sagt.

Was die Tafel für eine Geschichte erzählen will, ist nicht wichtig. Man kann sie verschieden sehen. Sie kann eine Szene aus der Lebensgeschichte der Eltern von Maria zeigen, von Anna und Joachim, in der Anna in ihrer Trauer den Besuch eines Engels erlebt. Sie kann auch an jene selten erzählte Legende erinnern, die schildert, wie Maria, die Mutter Jesu, am Samstag zwischen Karfreitag und Ostern im Garten des Josef von Arimathia sitzt, vor dem Grab ihres Sohnes, und wie ihr ein Engel erscheint, der ihr seine Auferstehung ankündigt.

Lassen wir das offen.

Maria und der Engel.

Wichtig ist: Da sitzt eine Frau, in Leid und Schmerz versunken, ein Buch auf den Knien, das Gesicht halb abgedeckt gegen den Engel hin, der ihr gegenübertritt und sie anspricht. Wenn wir die Worte, die kaum noch leserlich auf dem Spruchband stehen, das der Engel in der linken Hand hält, richtig entziffern, dann lauten sie: »Gegrüßt seist du, du Gesegnete! Weit wirst du sein in deinem Herzen, weit, und das Leid wird dich nicht erdrücken.« Auch in dem Buch, das aufgeschlagen vor der Frau liegt, lesen wir etwas von »getröstet«, von »weit werden«. Über den beiden aber schweben zwei andere Engel, und der rechte von ihnen ruft ihr zu, was wir auf seinem Spruchband lesen: »Dein Sohn wird dein Leid in Freude verwandeln.«

Da sitzt also ein Bild einer menschlichen Seele, wie wir ihr immer wieder begegnen: eingesponnen in Schwermut, Müdigkeit, Hoffnungslosigkeit, Einsamkeit, Kraftlosigkeit, Schmerzen, Grauen oder was immer es sei. Es mag sein, dass der Maler, dessen Namen wir nicht kennen, nicht eigentlich eine Geschichte erzählen wollte, dass er vielmehr beim Malen an alle die vielen dachte, die unter Sorgen und Ängsten vor seinen Altar kommen würden, davor sitzen oder knien, und dass er ihnen das Wort dieser Engel sagen wollte. Und vielleicht wollte er auf solche Weise selbst ein Engel sein, ein Bote für sie alle, die einen Zaun um ihr Herz ziehen und denen das Tuch vor ihrem Gesicht oder vor ihrer Seele den Blick nach draußen und den Blick über ihr Leid hinweg verdeckt.

»Gegrüßt seid ihr, ihr Gesegneten!«, wollte er ihnen sagen. »Weit dürft ihr werden in eurem Herzen, und euer Jammer wird euch nicht erdrücken.« Engel sind ja Überbringer einer Botschaft. Sie rufen, sie zeigen, sie sprechen aus, warum hier eine in einen Abgrund von Leid gestürzte Seele »gesegnet« heißen kann: Weil am Tag darauf Ostern ist. Weil in der Mitte der Nacht der neue Tag beginnt. Und weil an diesem neuen Tag ihre Trauer und Verzweiflung in Freude verwandelt sein wird. Das große Ostern nach dem Ende dieses Lebens oder das kleine Ostern, das mitten im Leben geschehen kann und will.

Während ich dieses Bild nach mehr als dreißig Jahren wieder einmal betrachtete und aufschrieb, was ich dabei empfand, saß ich –

es war früher Morgen, vor Tag – an einem einfachen Tisch in einer Holzhütte, die in einem Kiefernwald steht. Zwischendurch stand ich auf, um Luft zu schöpfen, und trat aus der Tür in die Dunkelheit. Das erste dämmernde Licht am Horizont begann eben, einen Stern um den anderen zu löschen. Es war eine stürmische Nacht gewesen, die Erde war nass vom Regen, und die Äste tropften. Aber da stand im Osten zwischen den Kronen der Bäume klar und hell der Stern, den wir den Morgenstern nennen, strahlend über noch schlafendem Wald. »Das ist es!«, fuhr mir durch den Kopf. Das meint der Engel mit seinem »Das Leid soll dich nicht erdrücken!« »Die Dunkelheit wird dich nicht behalten.« Dort, wo dieser große, helle Stern steht, wird die Sonne aufgehen. Der Stern, der ein Ankündiger des Lichtes ist wie der Engel, der zu jener Frau in ihren verschlossenen Garten kam.

Als ich wieder an meinem Tisch saß – es erschien in den Wipfeln der erste Widerschein des Lichts –, fragte ich mich, wie es geschehen kann, dass ich selbst, wenn ich eines Tages dasitzen sollte wie jene Frau, das Gehör hätte für die Worte, die mir ein Engel zusprechen würde. Denn wir müssen ja, wenn wir »weit werden wollen in unserem Herzen«, hören können, was uns gesagt wird. Das aber kann ein langer Weg sein bis dahin. Zu sehr sind wir darin geübt, Schmerzen zu betäuben, Schwermut zu verdrängen, Angst zu überspielen und den Tod zu übersehen. Noch kaum je haben wir Menschen einander und uns selbst so ausschließlich danach gewertet, ob wir gesund, leistungsfähig, jung und voll Lebenskraft sind oder nicht, wie heute. Und noch kaum je stürzten die Menschen, wenn sie eines dieser schönen Merkmale im Stich ließ, in solche Abgründe der Niedergeschlagenheit wie heute.

Es gibt nun aber wirklich Zeiten in unserem Leben, in denen es wichtiger ist, geduldig zu sein als tüchtig, in denen es besser ist, Schmerzen gewachsen zu sein als zu arbeiten, nötiger, sich in andere zu fügen als zu befehlen, die Einsamkeit einer Nacht auszuhalten als am Tage mitzureden. Wir müssten wohl, solange wir gesund sind und nichts uns drückt, gelernt haben, Stille und Einsamkeit auszuhalten, uns aus unserem erfolgreichen Tag ins Schweigen zurückzuziehen und danach das Leid mitzutragen, das anderen auferlegt ist. Wir müssten für andere ein Engel geworden sein, der sie besuchte, damit wir am Ende die Stimmen von Engeln zu hören und von anderen Stimmen zu unterscheiden gelernt haben, und damit wir verstehen können, was sie uns sagen.

Wir müssen wohl wach geworden sein für das leise Wort, das uns erreichen will. Durch einen Engel oder durch einen anderen Menschen oder durch eine Stimme, die nur das Herz hört. Denn unser Herz wird weit werden, wie der Engel sagt, dadurch, dass eine quälende Frage eine gute und klare Antwort gefunden hat. Dadurch, dass uns statt eines ängstigenden Bildes ein tröstliches vor der Seele steht und wir sagen können: Ja, das ist es! Das ist die Ankündigung des neuen Tages, des Tages der Auferstehung, von dem der Engel spricht.

Wie können wir das Gehör dafür gewinnen? Vielleicht so, dass wir uns einen Vers einprägen und einmal nachsprechen, fünfmal, zehnmal, so lange, bis uns von seiner ersten bis zu seiner letzten Zeile kein fremder, störender Gedanke mehr dazwischen kommt.

Etwa das schöne, klare Lied:

Ich steh in meines Herren Hand
und will drin stehen bleiben;
nicht Erdennot, nicht Erdentand
soll mich daraus vertreiben.
Und wenn zerfällt die ganze Welt,
wer sich an ihn und wen er hält,
wird wohlbehalten bleiben.

Er ist ein Fels, ein sichrer Hort,
und Wunder sollen schauen,
die sich auf sein wahrhaftig Wort
verlassen und ihm trauen.
Er hat's gesagt, und darauf wagt
mein Herz es froh und unverzagt
und lässt sich gar nicht grauen.

Philipp Spitta

Oder das einfache Gebet, das auch in schweren Stunden der Angst oder der Schlaflosigkeit noch gegenwärtig sein kann:

Ich bin in deiner Hand.
Mir kann nichts geschehen.
Ich danke dir.

Und wenn uns dieses stille, schlichte Vertrauen nicht möglich ist, vielleicht hören wir dann aus den Versen eines KZ-Häftlings, Justus Delbrück, der während der letzten Zeit des Krieges umgebracht wurde, etwas wie die Stimme eines Menschen, der uns zu einem Boten werden kann für das, was ein Engel uns sagen will.

In den Tiefen, die kein Trost erreicht,
lass doch deine Treue mich erreichen.
In den Nächten, da der Glaube weicht,
lass nicht deine Gnade von mir weichen.

Auf dem Weg, den keiner mit mir geht,
wenn zum Beten die Gedanken schwinden,
wenn die Finsternis mich kalt umweht,
wollest du in meiner Not mich finden.

Wenn die Seele wie ein irres Licht
flackert zwischen Werden und Vergehen,
wenn des Geistes Kraft zu Nichts zerbricht,
wollest du an meinem Lager stehen.

Wenn ich deine Hand nicht fassen kann,
nimm die meine doch in deine Hände!
Nimm dich meiner Seele gnädig an!
Führe mich zu einem guten Ende!

Aber es ist nicht zufällig, dass der Maler unseres Bildes der Frau in ihrem Leid ein Buch in die Hand gibt, eine Bibel, in der sie dasselbe lesen kann, was er ihr sagen will. In diesem Buch gibt es neben vielen anderen Worten, die vom aufgehenden Tag reden, auch acht Leitworte für den Weg einer Seele aus ihrer Verschlossenheit in die Weite, in der ein neues Leben für sie offen steht. Es sind die Worte, mit denen Jesus beschreibt, was er für die Menschen zu sein berufen ist. Und mit denen er andeutet, was die Aufgabe von Engeln sei, also das Amt, das uns allen anvertraut ist. Er sagt:

> Ich bin die Tür, die vor dir offen ist.
> Ich bin der Hirte, der auf dich achtet.
> Ich bin die Auferstehung, die dir bevorsteht.
> Ich bin das Brot, von dem du lebst.
> Ich bin der Weinstock, von dem du trinkst.
> Ich bin das Licht, das deine Finsternis hell macht.
> Ich bin der Weg, auf dem du dein Ziel erreichst.
> Ich und der Vater sind eins,
> und du wirst mit ihm und mir eins sein.

An diesen acht Worten entlang werden wir unseren Weg suchen in diesem Buch von einem Abschnitt zum anderen. Das erste, das von der »Tür«, gilt also der Seele, die in sich versunken im umzäunten Garten sitzt und keinen Ausweg sieht. Es sagt ihr:

> Vor dir ist eine Tür.
> Es scheint dir, als sei sie verschlossen.
> Steh auf, nimm die Klinke in die Hand.
> Sie wird sich öffnen.
> Du kannst sie durchschreiten.
> Du wirst einen Weg vor dir sehen,
> einen freien, offenen Weg.
> Geh ihn. Du bist behütet.
> Das sagt dir nicht irgendwer.
> Ich, Jesus Christus, sage es dir,
> und in mir sagt es dir Gott selbst.
> Die Tür bin ich.
> Sieh her – und steh auf!

Und sie wird aufblicken. Sie wird hören. Sie wird aufstehen. Sie wird einen Weg vor sich sehen und wird die ersten Schritte auf ihm, die ersten unsicheren Schritte, zaghaft vielleicht, aber in beginnendem Vertrauen, gehen.

Bewahrung auf dem Weg

Ohne alle Betonung, wie beiläufig, erzählt das Neue Testament die Geschichte von der Flucht des Kindes Jesus und seiner Eltern nach Ägypten. Und doch malen die Künstler des Mittelalters, als handle es sich um einen der wichtigsten Gedanken des christlichen Glaubens, immer und immer wieder jenen Josef mit Stock und Wasserflasche, jene Maria mit dem Kind im Arm auf dem trabenden Esel. Es ist, als sähen sie in dieser Geschichte nicht nur eine Episode aus der Kindheit des Sohnes der Maria, sondern mehr: ein Gleichnis für das menschliche Dasein überhaupt.

Da geht ein Weg irgendwoher, irgendwohin. Niemand sieht ein Ende. Ob irgendwann ein Ziel erreicht wird, ist ungewiss. Irgendwo lauert immer eine Bedrohung, sei es dort, woher man kommt, sei es dort, wohin die Eile geht. Im besten Fall überleben. Am Ziel werden sie nicht zu Hause sein, die drei, bestenfalls in Gefangenschaft.

Hinter dem Weg auf unserem Bild türmt sich eine schreckhaft zerklüftete Landschaft. Eine scharfe Enge zwischen den Felsen trennt Josef von Maria, so jäh und steil, dass der kleine Fuchs im Hintergrund Mühe hat, den Hang zu erklettern. Die Stadt auf dem Felsen bietet keine Unterkunft, und der Hund im Vordergrund ist so klein, dass auch von ihm kein Schutz zu erwarten ist. Nichts ist zufällig auf Bildern dieser Art.

Es ist ein Situationsbericht, durchaus vergleichbar dem Gedicht von Bert Brecht:

Der Radwechsel

Ich sitze am Straßenhang.
Der Fahrer wechselt das Rad.

Flucht nach Ägypten.

Ich bin nicht gern, wo ich herkomme.
Ich bin nicht gern, wo ich hinfahre.
Warum sehe ich den Radwechsel
mit Ungeduld?

Die Landschaft, die vor den geängstigten Flüchtigen liegt, sehen wir nicht. Keiner, der auf sie zugeht, weiß, wie er in ihr leben soll. Und so sind wir unterwegs ein Leben lang, von Sorge in Bewegung gehalten, von Angst getrieben, von Hoffnungen geleitet und wohl meist enttäuscht von ihnen, immer auf den nächsten Tag zu, und wissen nicht, was er bringen wird. Die stille Tapferkeit, die aus den Gesichtern spricht, ändert daran wenig oder nichts. Ich staune immer wieder darüber, wie viel solcher stillen Tapferkeit unzählige Menschen in ähnlicher Lage aufbringen, immer neu für jeden Tag, ohne doch hoffen zu können, es werde sich alles noch einmal zum Besseren wenden.

Denn was hilft dieser Lebensmut? Was nützt er dem, der das blutige Spiel der Katze mit der Maus an sich erfährt – der Katze, die zufasst und loslässt und den Flüchtenden wieder fängt, um ihm die Illusion der Rettung für einen Augenblick noch einmal zu gestatten, bis sie ihn endlich gefressen haben wird? Hat denn diese ständige Flucht in den kommenden Tag Sinn? Kommt nicht doch alles, wie es soll? Hat der Unbekannte, dem man zu entrinnen sucht, nicht doch die längeren Arme? Und wird um die kleinen, rastlosen Menschen ein Gott sich kümmern? Einmal wird der Weg zu lang. Einmal tragen die Füße nicht mehr. Einmal ist die Diagnose endgültig. Und wo ist dann der feste Weg, auf dem ein Weiterkommen möglich ist? Und wo ist ein Zeichen von Gott, das sagt: Ich habe ein Ziel für dich?

Die Reise der Drei geht durch die Sandwüste des nördlichen Sinai. Auch das ein Gleichnis. Antoine de Saint-Exupéry, der Wüstenflieger, erzählt von der quälenden Erfahrung in dem Dornengestrüpp und dem unendlichen Sand, durch die er seinen Weg suchen musste, um nach dem Absturz wieder zu Menschen zu kommen. Er fragt:

Warum zwingst du mich, Gott,
diese Wüste zu durchqueren? Ich quäle mich
inmitten der Dornen.
Nur eines Zeichens aber bedarf es von dir,
dass die Wüste sich wandelt,
dass der blonde Sand
und der Horizont
und der große stille Wind
nichts Fremdes mehr sind
und nichts Zufälliges,
sondern ein weites Reich,
durch das hindurch ich dich erkenne.

»Ein Zeichen von dir.« Wo sehen wir ein solches Zeichen? Wo ist ein Fingerzeig, in welche Richtung wir gehen sollen? Wo ist ein Wort, das von einer Begleitung, einem Schutz, einem Trost spricht? In der Bibel gibt es Geschichten, die wie Hinweise klingen.

Ein Prophet des Alten Testaments, Elia, flüchtete sich, als er an seinem Auftrag verzagte, in die Wüste, setzte sich unter einen Wacholder und wünschte sich den Tod: »Es reicht! Nimm, Gott, mein Leben von mir. Mir gelingt nicht mehr als meinen Vätern.« Und er legte sich schlafen. Da rührte ihn ein Engel an: »Steh auf und iss!« Und er sah sich um, fand neben sich ein Brot und einen Krug mit Wasser. Und er hörte das Wort, das der Engel ihm zusprach: »Steh auf und iss! Du hast einen weiten Weg vor dir.«

Die Geschichte ist wie ein Gleichnis. Er weiß sich allein und verlassen. Aber dieses scheinbare Wissen täuscht. Es ist einer bei ihm. Er hungert und dürstet, und er findet wider Erwarten, was er zum Leben braucht. Er sieht keinen Weg, und einer sagt ihm: Dein Weg geht weiter. Bleib nicht liegen. Du hast Aufgaben, du hast etwas zu tun. Und was du zu tun hast, ist nicht so, dass du es tun oder unterlassen könntest. Tu es. Geh darauf zu. Du wirst sehen.

Es liegt etwas darin von der Zuversicht, die auch aus dem Psalm 84 spricht:

Glücklich, denen du Kraft gibst,
wenn sie auf dem Weg sind zu dir.
Wenn sie durch das trockene Tal gehen,
das Tal der Angst in der Wüste,
lässt Gott Quellen rinnen für sie
und Regen fallen, dass es blüht wie ein Garten.
Sie wandern mit wachsender Kraft,
bis sie Gott finden auf dem heiligen Berg.

Und wenn ein solcher Glaube zu hoch ist für den Flüchtenden? Wenn er ihn nicht aufbringt? Es ist einer der wichtigsten und ersten Gedanken, die der Mensch auf seinem eiligen Weg fassen muss: Dass er auf keinen Fall an seinem Glauben Halt fände, und wäre er noch so fest, wenn ihm nicht eine große Wirklichkeit entsprechen würde. Ein Psalmdichter sagt: »Dennoch bleibe ich stets an dir, denn du hältst mich an meiner rechten Hand.« Ich habe einen Halt, nicht weil ich etwas glaube, sondern weil du mich hältst. Ich habe zwar keinen Glauben oder nicht genug davon, aber du trägst mich, wie die Mutter das Kind auf dem Fluchtweg nach Ägypten.

Das biblische Wort für »Erbarmen« bedeutet so viel wie »Mutterschoß«. Wir erwarten den Schutz unseres Lebens gewiss nicht von Maria, sondern von Gott, aber es ist auch gut zu wissen, dass Gott in der Bibel nicht nur männliche, sondern auch mütterliche Züge trägt, und das heißt, er sei uns das, was einem Kind die Mutter ist. Auch dem verängstigten, verlassenen Kind in unserer eigenen Seele.

Und da das immer wieder erfahren wird und nicht nur geglaubt, da es diese Erfahrung der Nähe Gottes immer und immer wieder gibt, ist es erklärlich, dass Menschen, die ein besonders schweres Schicksal zu tragen haben, gerade dieses ihr Schicksal von hinterher lieb gewinnen, es nicht mehr missen möchten, und dass sie oft das gleiche Schicksal, die gleiche Verlassenheit und Angst wieder wählen würden, wenn sie noch einmal an ihrem Anfang stünden. Es ist natürlich, dass wir uns gegen ein hartes Schicksal, das wir allein tragen sollen, wehren. Dass wir ihm auf irgendeine Weise zu entkommen suchen. Denn wer mit Saint-Exupéry in dem Dorngestrüpp einer Wüste einen Weg suchen muss, hat Recht, wenn er sagt: Warum, Gott, mutest du mir das zu? Und wenn wir auch einmal ein »Zeichen« gesehen haben, das Gott uns gab, ist es doch schwer und bleibt es zu jeder Zeit, einen Sinn in unserem Schicksal anzuerkennen.

Aber gerade die Psalmen der Bibel geben solche Zeichen immer wieder und sagen, wie wir mit ihnen umgehen sollen:

Ich will dich erheben,
Gott, meine Stärke,
mein Fels, meine Burg, mein Retter,
Schutz mir und Zuflucht!
An den Grenzen des Todes stand ich,
am Abgrund des Totenreiches.
Schrecken und Angst schlossen mich ein,
als sänke ich in große Wasser.

In meiner Not rief ich zu dir,
da hörtest du mein Rufen.
Du sahst meine Angst aus der Höhe
und zogst mich aus der Flut.
Du führtest mich auf einen neuen Weg,
du halfst mir heraus an den lichten Tag.

Ja, du bist mein Licht!
Du machst meine Finsternis hell!
Mit dir überwinde ich Mauern,
mit dir übersteige ich mein Elend.
Du gibst mir Kraft.
Du ebnest meinen Weg.

Du machst meine Füße leicht,
den Hirschen gleich,
und leitest mich
über die Berge meiner Sorge.

Du bist der lebendige Gott,
Quelle alles Lebens für mich.
Du bist der Fels,
auf dem ich sicher stehe.
Ich will dir danken, jetzt und ewig,
mit der Stimme des Lobgesangs.

So der Psalm 18. Oder das Lied aus Jeremia 17:

Gesegnet ist der Mensch, der sich auf Gott verlässt.
Der ist wie ein Baum, am Wasser gepflanzt,
der seine Wurzeln zum Bach hinstreckt.
In der Hitze fürchtet er sich nicht,
und seine Blätter bleiben grün.
Er ängstet sich nicht im dürren Jahr,
sondern bringt Früchte allezeit.

Und wenn Ihnen ein solches Lied nicht über die Lippen will? Dann sagen Sie vielleicht einmal so:

Ich weiß nicht, Gott, ob es dich gibt.
Wenn es dich gibt, dann bin ich in dir.
Dann ist mein Schicksal in deiner Hand.
Dann kann mir nur geschehen, was du willst.
Und dann will ich es tragen.

Und wenn ich noch einmal Jesus das Wort geben soll: In ihm spiegelt sich sowohl das Schicksal des heimatlosen Menschen als auch die bewahrende Güte und Kraft Gottes. Er sagt von sich das eine:

Ich habe keinen Platz auf dieser Erde,
an dem ich mein Haupt niederlegen könnte.

Und er sagt das andere:

Ich bin der gute Hirte.

Christus, das Urbild des Wandernden, des Ortlosen, der von Glück und Lebenserfüllung nichts weiß, sagt zugleich: »Ich werde dich schützen.« Die Wege deiner Flucht und deiner Verlassenheit ziehen sich durch ein Land, in dem ich zu Hause bin.

Ich bin der gute Hirte,
ich geleite dich.
Ich sorge dafür, dass du leben kannst.
Ich bringe dich an dein Ziel.
Ich gebe dir das Leben hier auf dieser Erde
und das ewige Leben in meinem Reich.
Du wirst nicht umkommen,
und niemand wird dich aus meiner Hand reißen.

Und vielleicht möchten Sie an einem Abend, ehe Sie schlafen, noch ein Lied mitsprechen:

Von langen Straßen, mühsamen Wegen
kommen wir, Gott, nun komm uns entgegen.
Öffne die Tür und lass alle Müden
ruhen in dir, ruhen im Frieden.
Fern war das Ziel, lang war die Zeit.
Ruhen. Ruhen.
Mach uns zu neuem Wandern bereit
in deiner Kraft, mit deinem Segen,
bis wir dich finden in Ewigkeit.

J. Z.

Leben nach dem Sieg des Todes

Von einer fernen, kaum mehr bekannten Geschichte erzählt dieses Bild. Von einer Begebenheit, bei der vielen heute ganz und gar unverständlich ist, was sie für uns bedeuten oder was sie uns nützen soll. Es ist ein sehr stilles Bild. Nichts Dramatisches geschieht, und wir brauchen Zeit, um zu verstehen, was es uns sagen will.

Links, zwischen den Blumen eines kargen Bodens, steht Johannes, den wir den »Täufer« nennen, am Ufer eines strömenden Flusses, und vollzieht die Taufe an Jesus, der in dem schmalen, raschen Wasser steht, mit gebeugtem Knie und gekreuzten Armen. Jesus steht aber nicht eigentlich, denn so, wie die Beine gehalten sind, kann er in dem strömenden Wasser nur untergehen. Über ihm schwebt die Taube als Zeichen für die Gegenwärtigkeit des Geistes Gottes, der aus dem offenen Himmel herabkommt. Am anderen Ufer stehen, stumm dienend, zwei Engel, von denen der vordere das Taufgewand bereithält, in das er den Getauften nach seiner Taufe kleiden wird, und eine goldene Dose, wie ein Kleeblatt geformt. Links oben aber wendet sich Gott, der Vater, der Szene zu mit dem Wort: »Das ist mein geliebter Sohn, der mir wohlgefällt.« Was geschieht eigentlich – und was bedeutet es?

Die Taufe – an dem heutigen Ritual, bei dem wir einem Kind ein wenig Wasser auf die Stirn tropfen lassen, ist ihr Sinn kaum mehr zu erkennen – zeigt: Dieser Mensch hat seinen Tod vor sich. Er versinkt im Wasser. Das Wasser ist kein Raum, in dem ein Mensch leben könnte. Er kann darin nur untergehen. So sagt Paulus: In der Taufe werden wir, wie Christus, in den Tod gegeben. Wer also im Wasser untergeht, stirbt. So kommen wir in die Welt, und wer in diese Welt kommt, hat den Tod vor sich.

Das Wasser ist das Element, das uns den Tod vor Augen stellt. Aber wer getauft wird, wird auch aus dem Wasser wieder herauf-

Taufe Jesu.

gehoben. Das Wasser ist ihm nur für einen kurzen Augenblick der ihm zugewiesene Ort des Todes. Er wird – zwar nicht durch seine eigene Kraft, sondern durch den Geist Gottes, der über dem Wasser schwebt – aus dem Wasser auferstehen. Er wird ans andere Ufer treten, wo ein neues Leben ihn empfängt. Und so sagen wir ja bis heute, wie unsere Voreltern es gesagt haben: »Wir heben ein Kind aus der Taufe.« Das Herausheben ist das Entscheidende. Wir spielen an ihm voraus, was ihm widerfahren wird: die Auferstehung. Wir sehen alles, was es tun und erleben wird, im Licht dieses letzten Geheimnisses. Die alten Taufbecken, in die man die Kinder ganz eintauchte, gaben diesem Gedanken deutlicheren Ausdruck. Halbkugelig, wie die untere Hälfte der Welt, gefüllt mit dem Element des Todes, dem Wasser, standen sie in den Kirchen, und das Kind wurde in den Tod getaucht und danach »aus der Taufe gehoben«, zum Zeichen der Auferstehung. Und so erzählt das Bild von der Taufe, die Jesus an sich geschehen ließ, von seinem und unserem Tod, der in eine neue Lebendigkeit mündet, in ein neues, anderes Sein voll Kraft und voll neuer Aufträge. Es erzählt, wie Jesus das Schicksal eines Menschen erlitten habe, um den Menschen zu zeigen, wohin ihr Schicksal ziele: ins Leben.

Das alles bedeutet: Wenn Sie das Leben so ansehen, als würden Sie nie sterben, oder den Tod so, als folge ihm kein Leben, so werden Sie weder das eine noch das andere bestehen. Wer sich rechtzeitig ins Sterben einübt, wird am meisten Klarheit gewinnen über das Leben und darüber, wie es zu bestehen sei. Wer sich in den Gedanken einlebt, dass er Leben vor sich hat, auch wenn er stirbt, wird seinen Tod am leichtesten bejahen können. Er wird auch den letzten Schritt ohne Panik gehen. Und er wird sein Leben so gestalten, dass sein Ende nicht als Katastrophe empfunden werden muss.

Vielleicht finden Sie dabei die eine oder andere Regel:

- Mit der Zeit umgehen lernen, Tage, Stunden und Augenblicke ausschöpfen und so sich mit den Grenzen der Zeit befreunden.
- Jedem Tag sein eigenes Recht geben, dem Spiel, dem Gespräch, den Plänen, dem Werk, der Fröhlichkeit, dem Nachdenken und

dem Schlaf seine eigene Schönheit und Schwere lassen und so auch den letzten Tag mit Vertrauen durchleben.

- Nach Möglichkeit nichts tun, dessen Wiederholung man nicht wünschen könnte.
- Allabendlich jeden Streit beenden, ehe die Sonne untergeht, und nichts Ungeordnetes durch die Tage und Wochen schleppen. Denn man holt, was man in Jahren versäumt hat, nicht in Stunden auf.
- Anderen ihre Schuld vergeben und Vergebung für die eigene Schuld erbitten und dies so, dass es nichts Ungewöhnliches, sondern etwas Tägliches ist. Darauf vertrauen, dass man Vergebung empfangen hat, von Gott und den Menschen, und dafür danken.
- Jede besonders hohe Meinung über das eigene Leben, das eigene Wesen, das eigene Werk abbauen, Stück um Stück. So lange abbauen, bis kein Mensch mehr denkbar ist, auf den man herabsehen könnte. Wenig von aller Leistung halten und lächeln über den Stolz, der nicht loslassen will.
- Alles Vergleichen mit anderen aufgeben. Was verglichen werden kann, ist weder den Eifer noch die Angst wert. Dass man nicht schlechter sei als die anderen, ist der Rede nicht wert.
- Dinge, Geld und Einfluss immer gelassener weggeben. Am Ende wird an ihnen nur dies noch wichtig sein, ob wir sie weggeben konnten.
- Von einem Rückblick zum andern mit weniger Wehmut, mit mehr Genauigkeit und mehr Dankbarkeit zurücksehen. Jeden Tag, jede Woche, jedes Jahr im Rückblick prüfen. Man muss geübt sein, das zu tun, wenn man in seiner letzten Stunde gezwungen ist, zurückzusehen und zusammenzuzählen. Man kann es nicht von selbst, sowenig wie eine Fremdsprache, die man zum ersten Mal buchstabiert.

Von der Frau des Lot, des Neffen Abrahams, wird erzählt, ihr sei geraten worden, auf der Flucht aus der im Feuer untergehenden Stadt Sodom nicht zurückzuschauen. Sie habe sich aber an den Rat nicht gehalten, habe zurückgesehen und sei dabei zur Salzsäule erstarrt. Damit sagt die Geschichte, sie habe festhalten wollen, was hinter ihr lag und was sie doch nicht behalten konnte, und sei dabei starr geworden und unbeweglich und habe in dieser Starrheit ihr Ende gefunden. Und so ist es auch. Festhalten, nicht vergeben können, sich behaupten wollen können das Sterben qualvoll aufhalten, wenn das Sterben Erlösung wäre. Seinen Stolz nicht ablegen, seine Schuld nicht bekennen – das sind Hindernisse, an denen der Tod schrecklich werden kann. Das Evangelium aber will uns die Freiheit geben, unseren Weg mit Christus zusammen und mit eigenem Willen zu gehen, und hilft uns damit, dass der Tod seine Schrecken verliert.

Paulus sagt einmal: »Unser Leid ist leicht, weil es kurz ist« und weil es ein Ende hat, über das wir hinübersehen können. Wir stehen nur vor der Wahl, ob wir uns behaupten wollen oder uns dieser Richtung unseres Lebens anvertrauen. Wenn wir uns behaupten wollen, stehen wir mit dem Gesicht in der falschen Richtung. Wir stehen gegen die Richtung unseres Lebens, denn unser Leben ist von einem bestimmten Zeitpunkt an voll auf das Abnehmen eingerichtet. Wenn wir uns diesem Geschehen anvertrauen, stehen wir in der Richtung, in der unser Leben sich vollzieht, und sind mit ihm im Einklang. Denn Leben und ewiges Leben sind ein und dasselbe. Eins fließt ins andere. Das ewige Leben kann hier schon in uns wirksam sein. Und das hiesige Leben nimmt seine Richtung auf Ewigkeit. Beider Geheimnis besteht darin, dass uns neue Anfänge gewährt sind. Anfänge nicht nur des Lebens, sondern Anfänge auch aus Schuld und Versagen. Und darum steht die Taufe, die von Tod und Auferstehung ebenso redet wie von Schuld und Neuanfang, am Beginn unseres christlichen Lebens. Wir können wissen, dass wir geführt sind. Dass der Tod ein Heimweg ist. Wir üben uns ins Leben ein und nehmen den Tod nicht mehr gar so wichtig.

Martin Luther sagt einmal:
»Wir müssen uns vormalen lassen und ins Herz bilden, wenn man uns unter die Erde scharrt, dass es nicht heißen muss gestorben und verdorben, sondern gesät und gepflanzt und dass wir aufgehen und wachsen sollen in einem neuen, unvergänglichen und ungebrechlichen Leben und Wesen. Wir müssen eine neue Rede und Sprache

lernen, von Tod und Grab zu reden, wenn wir sterben, dass es nicht gestorben heißt, sondern auf den zukünftigen Sommer gesät, und dass der Kirchhof nicht ein Totenhaufe heißt, sondern ein Acker voll Körnlein, die jetzt sollen wieder hervorgrünen und wachsen, schöner als ein Mensch begreifen kann.«

Und Wolfgang Amadeus Mozart:
»Da der Tod das Ziel unseres Lebens ist, so habe ich mich mit diesem wahren Freunde des Menschen so bekannt gemacht, dass sein Bild nichts Schreckendes mehr für mich hat, sondern Beruhigendes und Tröstendes. Und ich danke meinem Gott, dass er mir das Glück gegönnt hat, ihn als Schlüssel zu unserer wahren Glückseligkeit kennen zu lernen. Ich lege mich nie zu Bette, ohne zu bedenken, dass ich vielleicht den anderen Tag nicht mehr sein werde, und es wird doch kein Mensch sagen können, dass ich im Umgang mürrisch und traurig wäre. Für diese Glückseligkeit danke ich alle Tage meinem Schöpfer.«

Vielleicht, wenn Sie krank sind, wollen Sie den folgenden Gedanken nachdenken, vielleicht auch wollen Sie, was Ihre Gedanken beschäftigt, mit eigenen Worten sagen:

Aus der Tiefe rufe ich, Gott, zu dir.
Höre meine Stimme und hilf mir,
denn aus Elend und Angst rufe ich.

Um deine Nähe bitte ich, um deine Hilfe.
Ich bitte dich, dass du ein Wunder tust
an meinem Leib und an meiner Seele und sie heilst.

Ich kenne deine Gedanken nicht.
Ich weiß nicht, wozu ich krank bin.
Dass es dein Wille ist, das allein halte ich fest.

Ich war gesund und verließ mich auf meine Kraft.
Nun sorgen andere für mich.
Das war dein Wille. Ich will es lernen.

Ich habe unter Gesunden gelebt
und die Kranken nicht gesehen.
Nun sehe ich ein unendliches Meer
von Leidenden um mich.
Gib mir Augen für alle, die mit mir leiden.

Ich habe gemeint, mein Leben gehe ohne Ende weiter.
Aber jede Stunde bringt mich meinem Ende näher.
Bereite du mich auf die Stunde meines Todes.

Ich war immerfort am Werk und hatte nie Zeit.
Nun geht meine Zeit nutzlos dahin.
In dem allem ist dein Wille.

Viel Unordnung habe ich hinterlassen.
Viel Streit, viel Lieblosigkeit und Härte des Herzens.
Vergib mir meine Schuld
und gib mir die Zeit, allen anderen zu vergeben.

Heile du mich, Gott, an Leib und Seele
und lass mich genesen zu einem neuen Anfang
hier auf dieser Erde oder, wenn es dein Wille ist,
zum ewigen Leben.

Ich befehle mich in deinen Willen.
Ich möchte dich finden, dich empfangen,
dir danken und dich preisen in Ewigkeit.

Wenn Sie aber den Mut und die Freiheit gefunden haben, durch Ihren eigenen Tod hindurch Ihre Auferstehung ins Auge zu fassen, dann können Sie vielleicht auch diesem Lied folgen:

Wir stehen im Morgen. Aus Gott ein Schein
durchblitzt alle Gräber. Es bricht ein Stein.
Erstanden ist Christus. Ein Tanz setzt ein.

Ein Tanz, der um Erde und Sonne kreist,
der Reigen des Christus, voll Kraft und Geist,
der Tanz, der uns alle dem Tod entreißt.

An Ostern, o Tod, war das Weltgericht.
Wir lachen dir frei in dein Angstgesicht.
Wir lachen dich an, du bedrohst uns nicht.

Wir folgen dem Christus, der mit uns zieht,
stehn auf, wo der Tod und sein Werk geschieht,
im Aufstand erklingt unser Osterlied.

Am Ende durchziehn wir, von Angst befreit,
die düstere Pforte, zum Tanz bereit.
Du selbst gibst uns, Christus, das Festgeleit.

J. Z.

Und damit geben Sie Ihre Antwort auf das, was Ihnen Jesus Christus sagt:

Ich bin die Auferstehung. Ich bin das Leben.
In mir siehst du, was Gott mit dir vorhat:
Du wirst sterben. Du wirst leben.
Es wird eng werden für dich.
Und es wird sich eine unendliche Weite um dich her auftun.
Es wird für einen kurzen Augenblick dunkel sein.
Aber Helligkeit wird dich empfangen.
Das volle Licht eines neuen Daseins.
Wenn du mir nachgehst,
hast du in Ewigkeit keinen Tod vor dir.

Die Liebe macht ein Leben sinnvoll

Ehe das Osterfest kam, empfing Jesus Klarheit darüber, dass nun die Stunde gekommen war, in der er die Welt verlassen und zum Vater gehen sollte. Wie er aber die Seinen geliebt hatte, während er mit ihnen in der Welt gewesen war, so liebte er sie weiter bis in das große Ziel hinüber.

Da feierten sie miteinander das Passamahl. Während des Essens erhob sich Jesus vom Tisch, legte sein Obergewand ab und band sich eine Schürze um. Dann goss er Wasser in ein Becken und fing an, seinen Begleitern die Füße zu waschen und sie mit der Schürze zu trocknen. Als er zu Petrus kam, wehrte der sich: »Was soll das? Du willst mir die Füße waschen?« Jesus antwortete: »Was ich tue, verstehst du jetzt noch nicht. Später wirst du es verstehen.« Aber Petrus redete weiter: »Auf keinen Fall sollst du mir die Füße waschen! Niemals!« »Wenn ich das nicht tue«, erwiderte Jesus, »gehörst du nicht zu mir.« Da redete Petrus plötzlich ganz anders: »Herr, nicht die Füße allein, sondern auch die Hände und das Haupt!«

Als er ihnen die Füße gewaschen hatte, legte er wieder sein Gewand um und ließ sich auf sein Polster nieder. »Wisst ihr«, fragte er, »was das bedeutete? Ihr nennt mich ›Meister‹ und ›Herr‹. Das ist richtig. Ich bin es. Wie ich aber als euer Herr und Meister euch die Füße gewaschen habe, so sollt ihr einander die Füße waschen. Ein Beispiel habe ich euch gegeben für das, was ihr tun sollt. Wenn ihr das verstanden habt, wohl euch, wenn ihr danach lebt.«

In festliche Gewänder gehüllt umdrängen sie den Meister, der braun gekleidet auf der Erde kniet und Simon Petrus eben die Füße mit dem weißen Tuch trocknet, das ihm als Schürze dient. Das Gespräch, das Petrus begonnen hatte, liegt zurück. Petrus hat Ja gesagt. Mit gekreuzten Armen lässt er es geschehen, und in den Gesichtern der Übrigen steht die Betroffenheit, die dann spürbar wird,

Fußwaschung.

wenn ein großer Gedanke anfängt, sich im Herzen und im Geist Raum zu schaffen.

Wer an die Grenze gerät, an die Grenze seiner Lebenszeit oder an die Grenze seiner Kraft, an die Grenze des Schönen und Festlichen in seinem Leben und alles abfällt in Ratlosigkeit oder Angst, fragt nach dem Sinn, den all dies haben oder gehabt haben möchte. Dass er so fragt, ist unvermeidlich. Aber es ist ebenso unvermeidlich, dass er dabei ohne Antwort bleibt. Denn alle Antworten, die von einem Sinn des Lebens sprechen, gelten ihm nur so lange, bis er weiterfragt. Wenn der Sinn seine Arbeit sein soll, wozu dann die Arbeit? Wenn die Gerechtigkeit, wenn die Freiheit, wenn die Höherentwicklung der Menschheit – wozu dann all dies? Wenn das »Reich Gottes« die Chiffre sein soll, die für den Sinn unserer Mühe und unseres Nachdenkens stehen soll – wozu dann das Reich Gottes? Wer braucht es? Wer nach dem Sinn fragt, der fragt nach dem Ganzen des Daseins, und er wird daran scheitern, dass unserem Menschenherzen und unserem Menschengeist das Ganze der Welt und das Ganze des Daseins zu groß, zu fern und zu fremd sind. Es gibt keine Antwort auf die Frage nach dem »Sinn«, auch keine christliche.

Ich weiß auch, dass es eine Grenze für alle frommen Worte gibt. Ich habe oft genug gesehen, dass Menschen so über das Maß ihrer Kraft und ihres Glaubens geschunden und getreten sein können, dass ein Wort sie nicht mehr erreicht, und ein Wort, das von Glauben und Hoffen spricht, schon gar nicht.

Ich weiß aber auch, nein, ich glaube es – wenn überhaupt am Evangelium ein Wort wahr ist –, dass kein Weg eines Kranken oder Verlassenen in der Krankheit oder in der Verlassenheit enden muss. Womit ich das belege? Ich kenne keinen Beleg dafür außer der seltsamen Fähigkeit von Menschen, zu lieben und Liebe anzunehmen. Keinen Beleg außer der Liebe, mit der Jesus Christus den Menschen begegnet ist. Außer der Liebe Gottes, von der er spricht. Wem sollen wir es abnehmen, wenn nicht ihm?

Denn es gibt, auch ohne allen christlichen Glauben, eine Bedingung, unter der die ewige, angstvolle Frage nach dem Sinn unter den Menschen zur Ruhe kommt: dass ein Mensch sich geliebt weiß und dass seine Liebe gebraucht wird. Damit ist noch nichts bewiesen, aber es ist ein Hinweis darauf, wie es um uns Menschen und um den Sinn unseres Lebens bestellt ist.

Albrecht Goes schreibt einmal:

> ... Liebende vertrauen.
> Und liebend auch vertrauen sie ihrem Los.
> Es ist nicht feind.
> Es ist nur wunderseltsam.

Sinnvoll, sagt der christliche Glaube, ist ein Leben unabhängig von allen äußeren Umständen, unabhängig von Nutzen oder Erfolg dann, wenn ein Mensch, und sei es ein sterbenskranker, liebt und geliebt wird. Sinnlos wird ein Leben nicht, wenn es geistig erkrankt, wenn es das Leben eines Blinden, Tauben, Alten oder Hilflosen ist, sondern wenn es um sich selbst kreist, wenn es in der Einsamkeit seines eigenen Ich verharrt.

Sinnvoll bleibt auch das Leben eines ganz und gar hilflosen Menschen. Es kommt nur darauf an, dass er die Liebe, die er empfängt, von seiner Familie, von den Ärzten oder Schwestern, empfindet und dankbar sich gefallen lässt. Dass er spüren lässt: Ich bin dankbar.

Romano Guardini, der große Religionsphilosoph, ging in seinem Alter durch schwere Krankheitszeiten. Er hat da einmal geschrieben:

»Herr, wenn ich im Leiden stehe und will blind und gleichgültig werden gegen die Menschen um mich her, dann halte du mein Auge hell und mein Herz frei von der Selbstsucht, die gerade den Leidenden so leicht befällt. Ich darf nicht anspruchsvoll werden, darf den anderen nicht zur Last fallen, darf ihnen ihre Freude nicht deswegen verderben, weil mir schwer zumute ist. Jeden kleinen Dienst der Liebe lehre mich sehen, lehre mich ihn würdigen und dafür dankbar sein.«

Und das sagt uns die Geschichte, die erzählt, wie Jesus seinen Jüngern die Füße wusch: Die Liebe, die bei denen gesucht wird, die

Jesus in die Tage seines Leidens begleiten, ist, dass sie sich von ihm ein Zeichen der Liebe gefallen lassen. Denn Liebe ist ja nicht nur groß darin, dass sie für andere lebt und handelt, sondern auch darin, dass sie die Liebe des anderen dankbar geschehen lässt. Und daran fehlt es leichter als an der Kraft, selbst etwas Liebes zu tun.

Viele leben ja in der seltsamen Meinung, ein Mensch, der sich selbst achtet, könne und dürfe sich nicht schwach zeigen, nicht verzweifelt, nicht hinfällig. Eines der Hindernisse, an denen das Leid trostlos wird und das Trösten machtlos, ist dieser Stolz. Aber der Stolz macht uns nicht zu besseren Menschen, er hindert uns vielmehr daran, wirklich Menschen zu sein, und es ist der Stolz, der die Kammer des Leids in ein Gefängnis der Verzweiflung verwandelt.

Christian Morgenstern hat es einmal drastisch so ausgesprochen:

> Das ist der Ast in deinem Holz,
> an dem der Hobel hängt und hängt:
> dein Stolz,
> der immer wieder dich
> in seine steifen Stiefel zwängt.
> Du möchtest auf den Flügelschuhn
> tiefinnerlichster Freiheit fliehn,
> doch ihn
> verdrießt so bitterlich
> kein ander unabhängig Tun.
> Er hält dich fest; da stehst du starr:
> dürrknisternd-widerspenstig Holz:
> ein stolz-
> verstotzter Stock, ein sich
> selbst widriger Hanswurst und Narr.

Und er sagt auch, und das gehört dazu:

> Aus der ach so karg gefüllten Schale unseres Herzens
> lasst uns Liebe schöpfen, wo nur immer einer Seele
> Schale leersteht und nach Liebe dürstet.

Nicht versiegen drum wird unsre Schale,
steigen wird die so geschöpfte Flut, nicht fallen.
Fülle wird das Los des so verschwenderischen Herzens.

Und es ist einfach wahr: Diese Fülle an Liebe ist auch spürbar in dem schwachen Lächeln eines Menschen, der für einen einfachen Handgriff dankbar ist.

Nach jener Szene, in der Jesus seinen Freunden die Füße wäscht, geht er einen Schritt weiter und spricht zu ihnen vom Sinn eines Opfers, das aus Liebe geschieht, und zeigt es an einem Stück Brot und an einem Becher Wein. Es ist die Stunde des »Abendmahls«:

»Und er nahm Brot und sprach den Lobgesang. Er brach das Brot in Stücke und gab sie den Jüngern: Nehmt und esst! Das bin ich. Und er nahm den Becher, dankte und reichte ihn seinen Jüngern mit den Worten: Trinkt alle daraus. Das bin ich. Indem ich euch beides reiche, stifte ich eine neue Gemeinschaft zwischen Gott und euch.«

Und er fährt später fort: »Ich bin der Weinstock. Ihr seid die Reben. Wer in mir bleibt, in wem ich bleibe, der trägt viel Frucht. Wie mich mein Vater liebt, so liebe ich euch. Bleibt in meiner Liebe!«

Es läuft alles, was hier über die Liebe gesagt oder gezeigt wird, wie ein Gewebe dicht ineinander. Christus ist der Wein, den wir trinken. Er ist der Weinstock, an dem wir festgewachsen sein sollen. Wir sind die Reben, und die Frucht, die an uns wachsen soll, die Traube, soll wieder Wein werden. Der Wein, der aus unserer Liebe wächst, ist wieder Christus, der zwischen dem Gebenden und dem Nehmenden hin- und hergeht.

Das Brot wächst aus dem Sterben des Korns. Das Weizenkorn ist Christus. Und er ist auch das Brot. Und wieder sollen wir, die lieben wollen, uns als Weizenkorn in die Erde fallen lassen, in das Dunkel des Verzichtes, des Opfers, des Leidens und des Todes, damit wir zu Brot werden. Wir sollen uns der Erde anvertrauen in der Hoffnung auf eine Frucht, die in die Ewigkeit hineinwächst.

Wo wir Liebe annehmen und wo wir lieben, kommt die Frage nach dem Sinn zur Ruhe. In den einfachen Zeichen von Brot und Wein finden wir, was uns zugänglich sein kann: unser bescheidenes Maß an Einsicht in den Sinn unseres Lebens und unseres Todes. Das wollen wir also festhalten: Auch wo ein Leben sinnlos erscheint – sein Sinn ist die Liebe. Wir nehmen sie an. Wir geben sie weiter, soviel die Kräfte noch vermögen. Und sie ist nicht nur Sinn unseres Lebens, sondern auch sein Licht, seine Helligkeit, seine Schönheit, solange noch ein Atemzug uns durchströmt.

Jochen Klepper, der mit einer Jüdin verheiratet war und sich mit ihr zusammen, als ihr das Konzentrationslager drohte, das Leben nahm, um mit ihr zusammen zu sterben, schreibt einmal:

> Ich weiß nicht, hat es Sinn
> und lohnt es, dass ich lebe,
> nur, weil mein Herz noch schlägt?
> Ich weiß nur, dass ich Rebe
> voll späten Weines bin.
> Ich weiß nicht, soll ich sein?
> Ich weiß nur, dass die Erde
> mich Korn im Schoße hält,
> damit zu Brot ich werde.
> Gott spricht aus Brot und Wein.

Von Christian Morgenstern gibt es das Wort:

> Stilles Reifen.
> Alles fügt sich und erfüllt sich,
> musst es nur erwarten können
> und dem Werden deines Glückes
> Jahr und Felder reichlich gönnen.
> Bis du eines Tages jenen
> reifen Duft der Körner spürest
> und dich aufmachst und die Ernte
> in die tiefen Speicher führest.

Und von Notker Labeo, der vor tausend Jahren als Mönch in St. Gallen lebte:

Traube war ich.
Getreten bin ich.
Wein werde ich.

Von Augustin:

Wer zum Dienste Gottes herantritt,
der wisse, dass er zur Kelter gekommen ist:
Er wird bedrängt, niedergetreten, zerstampft,
aber nicht, um in dieser Welt zugrunde zu gehen,
sondern um hinüberzufließen
in die Weinkammern Gottes.

Aber all dies ist nicht gebunden an Brot und Wein. Alles, was wir an Liebe, an Nahrung für Leib oder Seele, empfangen, kann uns zum Zeichen werden, das uns freimacht von unseren kleinen, verquälten Gedanken. Ein Teller Suppe, ein Frühstück kann es sein. Ein paar Blumen können es sein, in denen Liebe zu uns kommt. Und ein noch so schwaches Lächeln kann unsere Antwort sein. Dass auch in unseren dunkelsten Stunden die Liebe nicht abstirbt, das, das vor allem, lohnt ein Gebet, in dem wir uns der Liebe Gottes anvertrauen. Ein Gebet, mit dem wir antworten auf das, was Jesus Christus uns sagt:

Ich bin das Brot, das für dich gewachsen ist
und für dich gebrochen wird.
Ich bin der Wein, der für dich gereift ist,
gereift im Leiden.
Beides wird in dir zur lebendigen Kraft.
Ich bin die Kraft,
aus der die Liebe erwächst.
Nimm sie auf.
Und werde das Beste, das du werden kannst:
ein liebender Mensch.

Das Opfer des Willens

Der Meister der Goldenen Tafel von Lüneburg malt die Geschichte vom Gebet Jesu im Garten Getsemane, wie man sie zu seiner Zeit, im 15. Jahrhundert zu malen pflegte: nicht eigentlich als Bericht von einer Geschichte, sondern als ein Bild zur Betrachtung eines inneren Vorgangs, eines Geschehens in der Seele eines Menschen. Und da es für Menschen gemalt wurde, die in einer Kirchenbank davorsitzen, darum schlafen die Jünger hier sitzend. Petrus im blauen Mantel, Jakobus im roten und Johannes mit dem Buch seines Evangeliums auf den Knien, auf ein Stück Erde gestützt.

Die Abschiedsreden sind gesprochen. Das Mahl ist beendet. Und nun kommt die Angst. Denn in der ganzen Stadt wird nach Jesus gefahndet. Bald werden sie ihn gefunden haben. Und das Ende ist absehbar. Tod am Kreuz. Die Freunde sind nah, aber sie schlafen. Es ist, als gebe es sie nicht, und Jesus hat es allein noch mit Gott zu tun. Was will Gott? Will er wirklich, dass ich diesen Tod sterbe? Es wehrt sich doch alles in mir dagegen. Was wird aus meinem Werk? Was wird aus den Menschen, für die ich da bin und für die ich doch da sein muss?

Das Verzweiflungsvolle, wenn einmal etwas wie der Abend von Getsemane über uns kommt, ist ja nicht, dass Gott nicht da wäre. Er kann durchaus sehr nahe sein. Aber er will etwas anderes, als was wir wollen. Die Ferne zwischen Gott und uns liegt nicht in seinem Abstand oder in seinem Schweigen, sondern in seiner Zumutung. Sie liegt darin, dass seine Nähe so bedrückend ist, dass sie so viel Dunkelheit bringt. »Mein Vater, ist's möglich, so erlass mir, diesen Kelch zu trinken.« Und noch einmal: »Mein Vater, ist's möglich?« Und am Ende: »Wenn nicht, so soll dein Wille geschehen.« Und während der goldene Kelch, aus dem er seine Angst und sein Leiden trinken soll, auf einem kleinen Erdhügel steht, fremd und be-

Gebet Jesu in Getsemane.

drohlich, und Gott, der Vater, sich vom Himmel herabwendet, schließen sich die Hände zu der Geste des Gebets, die von jeher ein Zeichen der Wehrlosigkeit und der Ergebung war, und zu einem eigenen Becher, aus dem er nun auch selbst trinken will, was der Vater ihm zumutet.

Wenn die Dunkelheit zur letzten Finsternis geworden ist, haben wir keine andere Möglichkeit mehr, als an uns geschehen zu lassen, was Gott will. Und der Beitrag, den wir noch leisten können, wird der sein, eins zu werden mit dem Willen Gottes. Widerstand ist nicht nur sinnlos, er ist auch gegen allen Sinn. Er nimmt die Kraft, die wir brauchen. Unser Beitrag wird noch der sein können, dass wir die Verantwortung für alles Weitere dorthin legen, wo die größere Weisheit und der stärkere Wille sind.

Jesus sagte an jenem Abend: »Solange ihr in der Welt seid, habt ihr Angst.« Er will also nicht die Kraftmenschen, die keine Angst kennen. Er sagt an demselben Abend: Mir ist angst. Aber dann ging er den Weg, vor dem ihm angst war. Er legte sich und alle seine Angst dem in die Hände, der ihn führte. Es kann also nicht darum gehen, sich gegen seine Angst zu wehren oder sie zu verkürzen oder zu verdrängen, sondern darum, sie einzulassen und sich mit seiner Angst zusammen Gott zu übergeben. Es gibt keinen anderen Weg zum Frieden. Es gibt keine andere Quelle für Kraft, keinen anderen Grund unter den Füßen, kein anderes Ziel. Jesus sagte an jenem Abend: »Ich sage es euch zum Trost: Ich habe die Welt überwunden. Und mit ihr die Angst.« So will ich also klein denken von meiner Angst und groß von dem Gott, der mich ins Leiden führt.

Es gibt das Wort eines indischen Christen:

> Der Glaube ist der Vogel, welcher singt,
> wenn die Nacht noch dunkel ist.

Wer durch längere Zeit keinen Schlaf findet, wird es sehr schwer haben, zu singen wie der Vogel, solange die Nacht dunkel ist. Denn wenn es irgendwo ein Einfallstor für dämonische Mächte gibt, dann in der schlaflosen Nacht. Am Tage vertreibt man sie, indem man etwas tut. Solange man seine Kräfte regt, ist man der Gefahr gewachsen. Bei Nacht ist alles schwärzer. Es wird gefährlich, hoffnungslos, tödlich. Was tun? Was hilft gegen »den Teufel«?

Nicht die »Geduld«. Wer sich »in Geduld übt«, wie man sagt, das heißt in der Kraft, gegen seinen Willen etwas zu ertragen oder durchzuhalten, staut nur die Ungeduld auf. Es gibt durchaus Übungen, aber ihr Ziel kann nicht die »Geduld« sein, sondern die Übereinstimmung mit dem Willen Gottes.

Sich sagen: Gott hat Zeit. Ich habe gleich ihm Zeit. Das muss der lernen, dessen Tag oder Nacht ihn zur Untätigkeit zwingt. Gott hat viel Raum, und ich habe gleich ihm Raum, das muss der sich sagen, dem die Angst den Hals zuschnürt. Jetzt verlangt Gott von mir nichts als dieses eine. Er verlangt nicht, dass ich mehr bin als ich bin, dass ich etwas tue, was ich nicht kann, dass ich etwas sage oder denke, das meinem Herzen unerreichbar ist.

Dies zu verstehen, ist der Anfang auch des Schlafs und darum eine Quelle der Kraft. Es ist der Anfang, aus dem die Gleichheit des Willens mit dem Willen Gottes erwächst, in der man sprechen kann: Nichts braucht zu geschehen als dein Wille.

> Vater im Himmel,
> ich bitte weder um Gesundheit noch um Krankheit,
> weder um Leben noch um Tod,
> sondern darum, dass du über meine Gesundheit
> und meine Krankheit,
> über mein Leben und meinen Tod verfügst.
> Du allein weißt, was mir dienlich ist.
> Tue, was du willst.
> Gib mir, nimm mir,
> aber mache meinen Willen dem deinen gleich.
>
> *Blaise Pascal*

> »Nicht die ungelösten Rätsel der Vergangenheit lösen und in quälende Grübelei fallen sollen wir, sondern das Unbegreifliche stehen lassen und friedlich in Gottes Hand zurückgeben.«
>
> *Dietrich Bonhoeffer*

Und noch eins: Wer sein Werk aus irgendeinem Grunde aus der Hand legen musste, sollte die langen Stunden seines Alleinseins füllen mit viel Gemeinschaft mit anderen Menschen. Er sollte von einem zum anderen denken, sich ihn genau vor Augen stellen, sein Schicksal, seine Lebensumstände. Christen sprechen von Fürbitte und meinen, es gebe durchaus die Möglichkeit, stellvertretend für die Tätigen, die mit ihrem eigenen Werk Beschäftigten, eins zu werden mit dem Willen Gottes. Es kann so lauten:

Gott, dir vertraue ich sie an, alle, die ich liebe.
Bewahre ihnen deine Liebe.
Schütze sie vor Verstrickungen und segne ihr Werk.
Führe sie, auch wo sie deinen Weg nicht sehen.
Stärke sie, wenn Kummer ihre Seele lähmt.
Lass sie im Frieden schlafen
und gib ihnen jeden Morgen neu das Licht.
In Not und Gefahr sei du ihr Helfer.
Lass sie deiner Ernte entgegenwachsen
und reif werden für dein ewiges Reich.
Und lass uns in Ewigkeit bei dir vereint
deinen Namen preisen.

Und wenn sich Ihnen die Worte zu einem eigenen Gebet nicht fügen wollen, dann sagen Sie das Vaterunser. Es gibt nichts, das soweit trüge wie dieses schlichte Gebet.

Vater unser im Himmel!
Geheiligt werde dein Name.
Dein Reich komme.
Dein Wille geschehe, wie im Himmel, so auf Erden.
Unser tägliches Brot gib uns heute.
Und vergib uns unsere Schuld,
wie auch wir vergeben unseren Schuldigern.
Und führe uns nicht in Versuchung,
sondern erlöse uns von dem Bösen.
Denn dein ist das Reich und die Kraft

und die Herrlichkeit
in Ewigkeit. Amen.

Wenn es kein anderes Wort mehr gibt, das sammeln, heilen oder klären könnte, dann sprechen Sie, mitten hinein in die Wirrnis Ihrer Gedanken, diese einfachen Worte. Es wird Klarheit entstehen. Und, vielleicht, ein wenig Frieden wie in dem Gebet zum Einschlafen:

Ich bin in deiner Hand.
Mir kann nichts geschehen.
Ich danke dir.

Oder wir sprechen füreinander einen Segen. Was soll das? Was ist ein Segen? Stell dir einen Acker vor. Es liegt Saat in ihm, aber der Acker ist trocken. So wächst nichts. Nun setzt Regen ein. Die Saat geht auf und wächst. Der Regen »segnet«, das heißt: Er hilft, dass etwas aufgeht, dass etwas wächst, dass etwas gedeiht. Wenn Gott uns segnet, dann wächst etwas in uns, es gedeiht etwas, es reift Frucht. Der Same springt auf und wird frei, und aus einer Erde, aus der scheinbar nichts zu erwarten war, wächst Vertrauen, wächst Dankbarkeit.

Und so helfen wir einander zu Wachstum und Lebensbejahung und Reife, indem wir, und sei es so, dass der andere es gar nicht hört, für ihn sprechen: »Gott segne dich.« »Er behüte dich.« »Er geleite dich.« Oder: »Gott lasse dich seine Liebe spüren.«

Es gibt eine Reihe weiterer guter Worte, die Ihnen helfen können, Ihren Willen mit dem Gottes zu einen. Etwa diese:

Gleichwie ein leichtes Blatt – also gelassen schwebet
in Gottes Luft mein willenloser Sinn.
Kein Wollen sonst in mir als Gottes Wollen lebet,
sein kleinster Wink bläst meinen Willen hin,
zu lassen und zu tun, zu leiden oder nicht.
Es ist mir alles eins, Herr, wenn dein Will' geschicht.

Gerhard Tersteegen

Was gewesen, werde stille,
stille, was dereinst wird sein.
All mein Wunsch und all mein Wille
geh in Gottes Willen ein.

Oder auch:

Zeig uns dein väterliches Walten,
bring Angst und Zweifel selbst zur Ruh!
Du wirst allein ganz recht behalten.
Herr, mach uns still und rede du.

Und wenn Ihnen das noch zu hoch ist, dann können Sie die Schwierigkeiten, die Sie damit haben, auch wieder in ein Gebet fassen. Etwa so:

Gott, ich bejahe deinen Willen.
Ich möchte ihn bejahen.
Hilf mir. Ich kann es nicht allein.

Ich weiß, dass du mich hörst,
und ich weiß doch nicht, was ich sprechen soll.

Ich weiß, dass du mich führst,
und weiß doch keinen Weg.

Ich weiß, dass du mir mein Geschick zuteilst,
und kann es doch nicht annehmen.
Ich weiß, dass du meine Seele hebst und trägst,
und versinke doch in meinen schweren Gedanken.

Ich weiß, dass mein Wille und der deine eins sind,
und werde doch meine Angst nicht los.

Ich weiß, dass du mir Freiheit zugedacht hast,
und lebe doch im Kerker.

Ich weiß, dass dein Zeitplan anders ist als der meine,
und habe doch keine Geduld.
Ich habe dein Zeichen vor mir, dein Kreuz.
Ich weiß, dass ich dir am nächsten bin,
wenn ich mich ängste.

Ich weiß, dass du mich hältst, auch wenn ich falle.
Nein, Herr, ich weiß es nicht. Ich glaube es.

Ich möchte es glauben.
Trotz allem. Hilf mir.

Auf alle Fälle können Sie hören, was Jesus Christus Ihnen sagt:

Ich bin das Licht der Welt.
Wenn es um dich her finster ist –
ich bin das Licht.
Wenn in dir selbst Finsternis ist –
ich bin das Licht.
Wer meinen Weg mit mir geht,
wer ein Ja findet zum Willen meines Vaters,
wird nicht in der Finsternis sein,
sondern im Licht.
Er wird selbst werden, wozu er berufen ist:
Nämlich ein Licht in dieser Welt.
Auch du.
Und er wird das Leben finden.

Die gebundenen Hände

Die Gewalt ist am Zuge. Die Soldaten der Tempelwache drängen in den Garten, Judas gibt ihnen das vereinbarte Zeichen, Petrus schlägt einen Augenblick um sich, Malchus bricht zusammen – und wenige Minuten später wird es hier wieder still sein wie zuvor. Die Bewaffneten werden Jesus gebunden weggeführt haben.

Der Betrachter solcher Szenen fragt sich – und nicht nur angesichts jener Gefangennahme in Getsemane –, warum Gott nichts unternimmt. Warum sendet er nicht die »Legionen Engel«, von denen Christus spricht? Wenn er die Macht hat, warum siegt die Gewalt der Menschen? Wenn er die Wahrheit ist, warum siegt die Lüge, die Judas seinem Meister auf die Wange küsst? Denn dies ist ja das Beklemmende, dass Gott sie alle tun lässt, was sie tun. Er lässt den Häschern ihre Waffen, ihre Spieße, ihre Hellebarden. Er lässt ihnen ihre Blechkappen, durch die sie ebenso blind wie wehrhaft sind. Er lässt ihnen ihre Fackeln, die den Schutz des Wehrlosen, die Dunkelheit der Nacht, zerreißen. Er hindert auch den Christen, der seinen Verrat begeht, nicht an seinem Werk. Er hindert ebenso wenig den anderen Christen, der in seinem leidenschaftlichen Einsatz für Christus sein Schwert in derselben Geste hochreißt wie der Soldat hinter ihm seine Fackel, seinen nicht minder schweren Verrat an der Sache Christi zu begehen. Und Gott lässt endlich die beiden Bedrohten ohne Schutz: den Landsknecht, der unter dem Schwert des Christen zusammenbricht und dabei unmöglich begreifen kann, worin dieser Begleiter Christi sich von anderen gewöhnlichen Gewalttätern unterscheide und was er ihm zu bringen habe, und den andern: Jesus selbst.

Aber auch Jesus handelt nicht. Er lässt seine linke Hand und seine Wange dem Verräter und berührt mit der rechten den Arm des Petrus, als sagte er eben das überlieferte Wort: »Stecke dein Schwert

Gefangennahme Jesu.

in die Scheide.« Danach werden diese Hände nichts mehr tun. Die Passivität Jesu, seine Bereitschaft, alles an sich geschehen zu lassen, sind zu verstehen. Sie sind sogar groß. Nicht zu verstehen ist die Passivität Gottes. Die leidenschaftliche, verzweifelte, anklagende oder fassungslose Frage, warum es denn in dieser Welt so viel Unrecht gebe, warum Gott sich nicht durchsetze oder wenigstens deutlicher bemerkbar mache und warum ihm an Gerechtigkeit so wenig gelegen sei, ist nicht einfach ein Zeichen für die Unbotmäßigkeit dessen, der so fragt, sondern zunächst ganz einfach ein Echo auf all das Böse, Törichte und Entwürdigende, das ohne sichtbaren Sinn tatsächlich geschieht. Im Gegenteil: Das Leiden an Gott ist vom Leben des Glaubens überhaupt nicht zu trennen. Man kennt alle die Berichte von Wundern, die Gott getan habe. Man bekennt sich zu diesem Gott, der fähig ist, Wunder zu tun. Aber dann ist Gott auch wieder anders, ganz anders als alles, was man über ihn gelernt und von ihm bekannt hat. Wer Christus nachfolgt, wird auf diesem Wege Gott nicht »verstehen«, sondern umso mehr an ihm zu leiden haben.

Freilich, dass die Frage an Gott ihr Recht hat, ändert nichts an der Tatsache, dass sie in eine Sackgasse führt, dass sie keine Antwort erwarten darf. Wer die Frage nicht zurücknimmt, kommt über das Fragen nicht hinaus. Auch Christus gibt keine wirkliche Antwort. Er spricht davon, im letzten Gericht werde Gerechtigkeit geschaffen, aber der Frager sucht Gerechtigkeit auf dieser Erde. Christus spricht vom Reich Gottes, aber der Frager meint das Leben auf dieser Erde. Christus sagt lediglich: »Ich bin der Weg. Ich bin die Wahrheit. Ich bin das Leben.« Das heißt: Ich selbst, mein Weg, mein Wort, mein Werk, mein Leiden und mein Tod sind die Antwort. Wer an sich geschehen lässt, was geschieht, wie ich, wer von sich wegsieht auf mich, wird seinen Weg finden. Er wird vertrauen und seine Frage zurückstellen, bis er die Antwort – schaut.

Mit gebundenen Händen wird Jesus diesen Platz verlassen, und sie werden nie mehr frei sein. Er sieht in seinem Weg Gottes Willen vorgezeichnet. Von Dietrich Bonhoeffer gibt es ein Gedicht aus dem Gefängnis mit einem Vers, der so wirkt, als hätte er beim Schreiben die Gefangennahme Jesu vor Augen gehabt:

Wunderbare Verwandlung. Die starken, tätigen Hände
sind dir gebunden. Ohnmächtig, einsam siehst du das Ende
deiner Tat. Doch atmest du auf und legst das Rechte
still und getrost in stärkere Hand und gibst dich zufrieden.
Nur einen Augenblick berührtest du selig die Freiheit,
dann übergabst du sie Gott, damit er sie herrlich vollende.

Die Soldaten kamen in den Garten, als es Nacht war. Aber mit den Soldaten kam der Wille Gottes. Und Jung-Stilling hat Recht:

Es gefällt Gott, in der Nacht zu kommen.
Darum fürchte die Nacht nicht.

Aber die Fragen, die wir in die Nacht hineinrufen, bleiben unbeantwortet. Und die Hände sind uns gebunden. Vielleicht durch eine Krankheit. Vielleicht durch die Schwäche des Alters.
Unsere Tat wird uns nicht freimachen können. Es gibt nur den vorgezeichneten Weg durch die Nacht in der Hoffnung, dass in der Mitte dieser Nacht der Anfang eines Tages liegen wird.

Vielleicht wollen Sie ein paar dieser Gedanken in ein Gebet fassen. Etwa so:

Gott, ich klage dir, dass ich meine Freiheit suche,
weil ich ein gefangener Mensch bin.
Ich bin ein Gefangener meiner vielen Ketten,
darum hänge ich an meiner kleinen Freiheit.

Ich bin ein Gefangener meines eigenen Willens,
meiner kurzsichtigen Wünsche.

Nun hast du meine Hände gebunden.
Ich weiß, kein Zufall bindet sie,
kein namenloses Schicksal.

Der sie bindet, bist du.
Ich höre dich sagen: Fürchte dich nicht.
Du kennst meine Angst.
Aber ich fürchte mich, wenn du das sagst.

Ich höre dich sagen: Gehe nun diesen anderen Weg.
Du kennst den Weg, den du mich führen willst.
Aber ich fürchte mich.
Verlass mich nicht.

Als einer der führenden Männer der ersten Christenheit an eine Gemeinde schrieb, um sie in einer Verfolgung zu trösten, sprach er von den Leiden, »die über die Gemeinden in der Welt überall hingehen«. Vielleicht, wenn wir lange genug nach Gottes Eingreifen gerufen oder lange genug unsere gebundenen Hände beklagt haben, machen wir uns deutlich, wie viele Menschen in der Welt irgendwo schwerer zu leiden haben als wir selbst. Darin liegt noch keine Antwort und auch keine Befreiung, aber es liegt eine Art wortloser Gemeinschaft mit den Leidenden darin, und wir können unser eigenes Leiden mit dem Leiden aller anderen zusammen Gott vor die Füße werfen und sagen: Das alles kommt von dir. Gib uns allen die Kraft.

Diese Querverbindung ist auch deshalb nötig, weil ja keineswegs der Gesunde dem Kranken immer am besten zu helfen vermag, der Unbeschwerte dem Leidenden, der Fröhliche dem Schwermütigen. Vielmehr ist, wer eine Last trägt, auch eher fähig, ein Mitträger zu sein. Wer leidet, empfängt, wenn er es will, das Herz, das helfen kann, und empfängt damit zugleich Kraft auch für sich selbst. Wer selbst für sich keinen Ausweg sieht, findet die Tür, die ein anderer sucht, leichter, und vielleicht wird sie zu einer offenen Tür auch für ihn selbst.

Von Christus wurde gesagt: »Anderen hat er geholfen und kann sich selbst nicht helfen.« Und mit einem deutlichen Seitenblick auf Christus und die Christen bestätigt Nietzsche:

Es kann mancher seine eigenen Ketten nicht brechen
und doch anderen ein Erlöser sein.

Niemand sollte sich daran hindern lassen, einem Menschen zu raten, ihm einen Weg zu zeigen oder von der Liebe Gottes zu sprechen, nur weil er für sich selbst keinen Rat weiß, keine Hilfe sieht, keinen Weg findet oder keine Stimme hört, die ihm von Gottes Liebe sagt. Denn immer wird es so sein, dass er, indem er einem anderen hilft, seinem eigenen Geschick neu begegnet und entdeckt, dass seine eigene Last nicht leichter, aber seine Kraft größer geworden ist.

Es gibt ein Lied, an dem wir das Stillhalten unserer Hände einüben können und das willige Ja zu unserem Schicksal. Es hat in dreihundert Jahren Ungezählten durch ihre dunklen Tage geholfen:

Befiehl du deine Wege
und was dein Herze kränkt
der allertreusten Pflege
des, der den Himmel lenkt.
Der Wolken, Luft und Winden
gibt Wege, Lauf und Bahn,
der wird auch Wege finden,
da dein Fuß gehen kann.

Dem Herren musst du trauen,
wenn dir's soll wohlergehn;
auf sein Werk musst du schauen,
wenn dein Werk soll bestehn.
Mit Sorgen und mit Grämen
und mit selbsteigner Pein
lässt Gott sich gar nichts nehmen,
es muss erbeten sein.

Weg hat du allerwegen,
an Mitteln fehlt dir's nicht;
dein Tun ist lauter Segen,
dein Gang ist lauter Licht;
dein Werk kann niemand hindern,

dein Arbeit darf nicht ruhn,
wenn du, was deinen Kindern
ersprießlich ist, willst tun.

Mach End, o Herr, mach Ende
mit aller unsrer Not;
stärk unsre Füß und Hände
und lass bis in den Tod
uns allzeit deiner Pflege
und Treu empfohlen sein,
so gehen unsre Wege
gewiss zum Himmel ein.

Paul Gerhardt

Eines der letzten Worte, die wir von Jesus haben, lautet:

Frieden lasse ich euch.
Meinen Frieden gebe ich euch.
Ich gebe euch nicht, wie die Welt gibt.
Euer Herz erschrecke nicht
und fürchte sich nicht.

Und er sagt:

»Ich bin der Weg.«
Ich führe dich in die Freiheit.
»Ich bin die Wahrheit.«
Du wirst sie schauen.
»Ich bin das Leben.«
Gott hat es dir zugedacht.
Geh nun deinen Weg
und sei es mit gebundenen Händen.
Die Tür ist offen vor dir.
Komm!
Das Haus ist bereit.

Der unansehnliche Mensch

Da befahl Pilatus, man solle Jesus abführen und geißeln. Als das geschehen war, flochten die Soldaten eine Krone aus Dornen, setzten sie ihm aufs Haupt und warfen einen ihrer roten Mäntel um seine Schultern. Sie traten vor ihn hin und grüßten ihn: ›Heil dir, König der Juden!‹, und schlugen ihm ins Gesicht. Pilatus ging wieder hinaus und sprach zum Volk: ›Seht! Ich führe ihn zu euch heraus, damit ihr erkennt, dass ich keine Schuld an ihm finde.‹ So kam Jesus heraus, noch immer mit Dornenkrone und Purpurmantel. Und Pilatus sprach zu ihnen: ›Seht den Menschen!‹«

In der Mitte des Bildes steht Pilatus, eine prächtige Erscheinung in golden-grünem Mantel, mit rotem, federgeschmückten Barett, vor dem Hintergrund eines bogigen Baldachins, unter dem offenbar sein Platz ist, wenn er Recht spricht. Pilatus bringt eben Jesus aus dem Palast und zeigt ihn der Menge, die, verkörpert durch sechs Männer, von links herdrängt. Ein Priester im blauen Gewand, sich besprechend mit einem älteren, bärtigen Mann und offenbar mit Pilatus und seinem Zögern unzufrieden, daneben und darüber Soldaten und Bürger von Jerusalem. Es ist der Augenblick, da Pilatus sein geheimnisvolles Wort sagt, dessen ursprüngliche Bedeutung bis heute nicht ergründet werden konnte. »Sehet, welch ein Mensch!«, übersetzte Luther. Andere übersetzen: »Seht, der ist es!« Oder: »Das ist er!« Oder: »Seht, das ist der Mensch!« Niemand weiß, ob es sich um ein beiläufiges Hinzeigen auf Christus handelt oder um ein deutendes, von tiefer Einsicht zeugendes Wort ähnlich dem anderen, das von Pilatus überliefert ist, jener Frage: »Was ist Wahrheit?«

Im lateinischen Text, der den Malern des Mittelalters vorlag, heißt es »ecce homo«: »seht, ein Mensch!«, oder »seht, der Mensch!« Dieses »ecce homo« steht auf dem Spruchband, das Pi-

Jesus und Pilatus. Ecce homo.

latus mit so zarter Geste in der Hand hält. Ich liebe dieses Bild von dem Meister der Goldenen Tafel, seit ich es kenne, und weiß zu dieser Szene zwischen Christus und Pilatus kein schöneres unter den Hunderten, die zu ihr gemalt worden sind. Da stehen sie wie zwei Brüder: der weltliche Herrscher und der König, der von sich sagt, sein Reich sei nicht von dieser Welt. Es ist nicht möglich, sie zu verwechseln, aber ihre Ähnlichkeit ist doch bestürzend. In vollkommen gleicher Neigung steht das Haupt des Pilatus neben dem Haupt Christi, als verstünde Pilatus, wer der ist, den er so brüderlich an der Hand nimmt, und als liebe er ihn. Es ist, als wüsste er von dieser Menschengestalt, dass sie höher an Würde, Rang und Sinn steht als seine eigene, die des Herrschers. So steht der strahlend goldene Nimbus des Christus mitten im Thronbaldachin des Pilatus, als wäre der Thron der Herrschaft und des Rechts in Wahrheit der seine, während Pilatus daneben steht, als wäre er bestenfalls eine Säule, die den Thronhimmel des Christus trägt. Es wirkt fast, als meinte der Maler, hier übergebe Pilatus seine Herrschaft an Christus, und als gehe es ihm darum, sie dem wirklichen »Menschen« anzuvertrauen. Es wirkt, als verstünde er, dass dies der wirkliche Mensch ist, der von den Spuren der Gewalttätigkeit, des Spottes und der Niedertracht gezeichnete, wehrlose Christus mit der Krone aus Dornen. Mehr noch: Es wirkt, als verstünde Pilatus, was er doch unmöglich verstehen konnte, dass hier das Bild Gottes und das Bild des Menschen ineinander übergehen, dass Gott und Mensch hier eins werden in der Gestalt des Leidenden. Ich sage: Es wirkt so. Niemand kann vermuten, Pilatus, der harte Römer, habe mit seinem Wort derlei Tiefgründiges aussagen wollen. Aber für den Maler des Mittelalters, der das Geheimnis der Majestät und der Menschlichkeit des Christus aussprechen wollte, war das Wort »ecce homo« gefüllt mit der verborgenen Herrlichkeit Gottes und des Menschen, und er schildert nun mit den Mitteln seiner Kunst die Inthronisation des leidenden Menschen in die Würde Gottes. Es lohnt, bei seinen Gedanken und seinem Bild noch einen Augenblick zu verweilen.

Was erwarten wir denn von uns selbst? Was für Forderungen, was für Ansprüche stellen wir an uns? Sicher nicht die gleichen in unserem fünfzehnten und in unserem siebzigsten Lebensjahr. Das Bild, das wir von uns selbst haben, wandelt sich. Ein junger Mensch erwartet Höheres von sich als ein alter. Er steckt seine Ziele höher, er erhofft von der Entfaltung seiner Kräfte Größeres. Wahrheit, Gerechtigkeit, Liebe und Leistung stellen sich in seinem Herzen reiner dar als in dem des Erwachsenen. Die Maßstäbe, die er an sich selbst anlegt, sind fast immer strenger. Aber spätestens zwischen seinem dreißigsten und seinem vierzigsten Lebensjahr sieht er, dass es praktisch darauf ankommt, sich in seinen Grenzen, seinen Schwächen und seiner Durchschnittlichkeit einzurichten.

Der eine wird nun beides festhalten: die hohen Erwartungen, die er sich selbst gegenüber hegt, und die enttäuschenden Erfahrungen, die er mit sich selbst macht; er wird im Zwiespalt leben und vielleicht an ihm krank werden. Der andere wird resignieren, seine Ansprüche herabsetzen und sein Versagen verzeihlicher und natürlicher finden, bis alles vergessen ist, was er sich einmal unter dem wahren Menschen vorgestellt hatte. Denn für den erwachsenen Menschen besteht das Leben nun einmal im Abnehmen. Der Himmel wird ärmer und die Sterne verblassen, die der junge Mensch gesehen hatte, und kein äußerer Aufstieg an Erfolg, Leistung, Bedeutung oder Macht wird daran etwas ändern. Das Gewissen wird weiter, toleranter, gleichgültiger; die Erfahrung tritt an seine Stelle. Es ist kaum anders denkbar, als dass der junge Mensch, auch wenn er es nicht will, den älteren verachtet.

Denn Alter und Leid machen den Menschen selten schöner, sondern fast immer unansehnlich. Seine Angst und Sorge ehren ihn nicht, sondern nehmen ihm den Respekt der anderen. Die Leistung steigt nur bis zu einem gewissen Maß und nimmt danach ab. Nur solange Pilatus sein Amt ausübt, ist die Macht sein Schmuck. Legt er sein prächtiges Amtskleid ab, dann kommt nicht der große und nicht der wahre, sondern der unansehnliche Mensch zutage.

Eben dies aber, dass wir unansehnlich sind, gilt es anzunehmen, so einfach, so brüderlich, wie Pilatus auf Christus hinweist und sagt: Das ist der Mensch, der entehrte, der geschlagene, der unansehnliche. Es gibt nur diese Wahl: Entweder seine hohe Meinung von sich selbst gegen alle Erfahrung bis zum Zusammenbruch durchzuhalten oder zu sagen: Ja! Das ist der Mensch. Das bin ich selbst. Und als dieser unansehnliche Mensch bin ich eins mit Christus. In mir. Was brauche ich noch von mir selbst zu erwarten? Wozu brauche ich noch an mir selbst zu verzweifeln?

Denn hier ist erfüllt, was Gott in der Urgeschichte über die Erschaffung des Menschen sagt: »Ich will mir einen Menschen schaffen nach meinem Bilde, ein Bild, das mir gleich sei, mir gegenüber!« »Wer mich sieht«, sagt Christus, »sieht den Vater.« »Ich und der Vater sind eins.«

»In Christus«, sagt Luther, »hat Gott sich ein kleines, enges Gesicht gegeben, das wir anschauen können, ein menschliches, ein leidendes Angesicht.« Er hat den Menschen aus der Höhe seiner Träume herab auf die Erde gestellt und steht nun neben diesem Menschen in seiner Armut und Unansehnlichkeit. Von nun an besteht, schreibt Paulus, unsere Aufgabe darin, unseren Stolz herzugeben, damit Christus uns sein Bild, das Bild des Menschen, einpräge. »Ich möchte«, schreibt er, »nichts mehr als ihm ähnlich werden, ihm und der Gestalt seiner Leiden. Ich möchte seinem Tode gleichgestaltet werden, damit ich auch seiner Auferstehung gleich werde. Ich möchte mich nur noch auf meine Schwachheit berufen, damit keine Kraft mehr in mir wirksam sei als die Kraft des Christus.«

Matthias Nithart, den wir Grünewald nennen, der Maler des Isenheimer Altars, hat uns ein Gebet hinterlassen:

> Jesus, liebster Herr Jesus!
> Ich bitt, dass du mich annimmst
> zum Docht auf der Lampen,
> zu der du das Öl gibst.
> Geht mir nit darum,
> ob mein Leib verdorrt wie Gras,
> aber um dein Bild in mir geht es.
> Zünd dein Licht an und lass mich sein
> wie ein heiliges Feuer am Rande der finstern Öde,
> damit die im Dunkeln wissen,
> wo du zu finden bist.

Aus dir kommt, was gut in mir ist,
aus mir das Schwache und Geringe.
Erbarm dich meiner, Herr!

Von Blaise Pascal, dem Philosophen des 17. Jahrhunderts, sind die Worte überliefert:

Zu wem sollte ich rufen, Herr,
zu wem meine Zuflucht nehmen,
wenn nicht zu dir?
Alles, was nicht Gott ist,
kann meine Hoffnung nicht erfüllen.
Gott selbst verlange und suche ich;
an dich allein, mein Gott,
wende ich mich, um dich zu erlangen.
Du allein hast meine Seele erschaffen können,
du allein kannst sie aufs neue erschaffen;
du allein hast ihr dein Bildnis einprägen können,
du allein kannst sie umprägen
und ihr dein ausgelöschtes Antlitz wieder eindrücken,
welches ist Jesus Christus,
mein Heiland, der dein Bild ist
und das Zeichen deines Wesens.

Und ein Vers von Karl Friedrich Hartmann lautet:

Unter Leiden prägt der Meister
in die Herzen, in die Geister
sein allgeltend Bildnis ein.
Wie er dieses Leibes Töpfer
will er auch des künftigen Schöpfer
auf dem Weg der Leiden sein.

Zerstörung des Schönen, Gesunden, Heilen geschieht also nicht um der Zerstörung, sondern um der Heilung willen. So steht Christus, dessen Werk zu einem guten Teil darin bestand, zu heilen, als der Verletzte, Zerschundene neben Pilatus, um dieses Werk des Heilens zu vollenden.

Es gibt kein Altwerden, das Sinn hätte, ohne dass dieses Geheimnis dahinter stünde. Jesus spricht in der Osterzeit einmal mit Petrus über diesen Zusammenhang: »Wahrlich, ich sage dir: Als du jünger warst, gürtetest du dich selbst und gingst, wohin du wolltest. Wenn du alt wirst, wirst du deine Hände ausstrecken, und ein anderer wird dich gürten und führen, wohin du nicht willst. Folge mir nach!«

Folge mir nach: Das heißt nicht »ahme mich nach«, sondern geh auf das Bild zu, das du an mir siehst, und werde diesem Bild ähnlich. Lass es an dir wirken, übernimm es: das Bild des gebundenen Menschen. Denn es gibt anders keinen Weg in die Freiheit.

Eine Frau, die ihr Leben lang eine führende Aufgabe zu erfüllen hatte und eine große Rolle spielte, schrieb:

> »Herr, du weißt, dass ich altere und bald alt sein werde. Bewahre mich davor, dass ich schwatzhaft sein werde, und vor der fatalen Angewohnheit, bei jeder Gelegenheit und über jedes Thema mitreden zu wollen. Befreie mich von der Einbildung, ich müsse anderer Leute Angelegenheiten in Ordnung bringen. Bei meinem ungeheuren Schatz an Erfahrung und Weisheit ist es freilich ein Jammer, nicht jedermann daran teilnehmen zu lassen. Aber du weißt, Herr, dass ich am Ende ein paar Freunde brauche. Ich wage nicht, dich um die Fähigkeit zu bitten, die Klagen meiner Mitmenschen über ihre Leiden mit nie versagender Teilnahme anzuhören. Hilf mir nur, sie mit Geduld zu ertragen, und versiegle meinen Mund, wenn es sich um eigene Kümmernisse und Gebrechen handelt. Sie nehmen zu mit den Jahren, und meine Neigung, sie aufzuzählen, wächst mit ihnen. Ich will dich auch nicht um ein besseres Gedächtnis bitten, nur um etwas mehr Demut und weniger Selbstsicherheit, wenn meine Erinnerung nicht mit der anderer übereinstimmt. Schenke mir die wichtige Einsicht, dass ich gelegentlich irren

kann. Hilf mir, einigermaßen milde zu bleiben. Ich habe nicht den Ehrgeiz, eine Heilige zu werden (mit manchen von ihnen ist so schwer auszukommen). Aber ein scharfes altes Weib ist eins der Meisterwerke des Teufels. Mache mich teilnehmend, aber nicht sentimental, hilfsbereit, aber nicht aufdringlich. Gewähre mir, dass ich Gutes finde bei Leuten, wo ich es nicht vermutet habe. Und schenke mir, Herr, die Liebenswürdigkeit, es ihnen zu sagen. Amen.«

Und es gibt ein Gebet von Michelangelo:

Bitter, o Gott, ist das Brot des Alters und hart.
Wie erschien ich mir früher reich –
wie arm bin ich nun, arm und einsam, und wie hilflos!
Wozu tauge ich noch auf der Erde?
Schmerzen quälen mich Tag und Nacht,
träge rinnen die Stunden meiner schlaflosen Nächte dahin,
und ich bin nur noch ein Schatten dessen, der ich einmal war. Ich falle den anderen zur Last. Lass es genug sein.
Wann wird die Nacht enden und der lichte Tag aufgehen?
Lass mich den Atem der Ewigkeit verspüren,
nun, da mir aufhört die Zeit.
Auf dich, o Gott, hoffe ich,
lass mich nicht zugrunde gehen in Ewigkeit. Amen.

Es ist nicht nur das Alter. Es sind alle die Stunden unseres Lebens – und es können Stunden in jungen Jahren sein, in denen uns der Traum vom großen und schönen Leben verlässt und das Bild unser selbst entgleitet. Wer bin ich? Wer werde ich sein? Und es wird keine erlösende Antwort auf solche Fragen geben, wenn wir nicht sagen können: Gott sieht mich anders als ich mich selbst sehe. Er sieht das Bild des geschundenen Christus in mir. Und das Bild des künftigen Menschen. Er sieht mich in der Gestalt des armen Menschen Jesus, der mir so nah ist, und behält mich in seiner Hand.

So sagt Paulus:

> Er hat uns dazu bestimmt,
> dass wir dem Bild seines Sohnes
> gleich werden,
> so dass dieser der Erstgeborene
> unter vielen Geschwistern sei.
> *Römer 8,29*

Und:

> Wie wir das Bild des irdischen Menschen
> getragen haben,
> so werden wir auch das Bild
> des himmlischen tragen.
> *1. Korinther 15,49*

Vielleicht wollen Sie einmal so mitsprechen:

> Mein Gott, ich habe mich verloren.
> Ich sehe nicht mehr, wozu ich durchhalten soll.
> Ich sehe kein Ziel und keinen Sinn.
> Es fehlt nichts, wenn ich fehle.
> Niemand kennt mich, wie ich wirklich bin,
> auch ich selbst nicht.
>
> Ich kann nur noch auf dich sehen.
> Ich komme aus deiner Hand.
> Aus deinen Gedanken.
> Du hattest ein Bild von mir,
> und einmal werde ich dich finden.
> Du wirst mich vollenden
> zu dem, der ich in deinen Augen bin.
> Du bewahrst mein Bild bei dir
> in dieser Zeit meiner Ratlosigkeit.
> Du rufst mich wieder, wenn es Zeit ist.

Sprich mich an mit dem Namen, den ich bei dir trage,
und verwandle mich, befreie mich. Erlöse mich,
dass ich dich finde und mich selbst.
Ich bin nichts. Aber ich bin dein. Amen.

Ein Unbekannter hinterließ uns das folgende Gebet:

O mein Jesus!
Jetzt ist es noch um einen kleinen Gang zu tun.
Ich komme vor ein Meer, das keine Wege hat,
vor dem aller Menschen Wege aufhören.
Aber du bist die einzige wahrhafte Brücke.
An dich halte ich mich mit dem Glauben,
dass ich in dir, an dir, durch dich
und mit dir in das Leben gehen werde
und in Ewigkeit bei dir bleiben.

Paulus schreibt:

Ich lebe, aber nicht eigentlich ich bin es,
der lebt, sondern Christus lebt in mir.
Solange ich darum in diesem Leib lebe,
lebe ich im Glauben an ihn.

Galater 2,20

Und Jesus sagt – und er sagt es auch Ihnen:

Wer mich sieht – in der unansehnlichen Gestalt
eines leidenden Menschen –,
der sieht den Vater. Den Vater derer,
die nichts mehr gelten und nichts mehr sind.
Ich und der Vater sind eins.
Und du, Mensch,
wirst mit ihm und mit mir eins sein
in deiner neuen Gestalt.

Es ist alles anders

An demselben Tag – es war Ostern – gingen zwei aus dem Kreis der Freunde nach Emmaus, das man von Jerusalem aus in einer Stunde erreichte, und redeten miteinander über alles, was geschehen war. Während sie so miteinander sprachen und rätselten, näherte sich Jesus und gesellte sich zu ihnen. Sie aber erkannten ihn nicht, ihre Augen waren wie verschlossen. ›Was sind das für Geschichten, die ihr auf eurem Weg beredet?‹, fragte sie Jesus. Da blieben sie traurig und verdrossen stehen, und der eine, der Kleofas hieß, entgegnete: ›Du bist wohl der einzige unter den Fremden in Jerusalem, der nicht weiß, was in den letzten Tagen drüben geschehen ist?‹ ›Was war das?‹, fragte Jesus. ›Das mit Jesus von Nazaret‹, erwiderten sie, ›der ein großer, gewaltiger Prophet war. In Wort und Werk hat er vor Gott und den Menschen unerhörte Dinge getan. Den haben unsere Priester und Machthaber zum Tode verurteilt und gekreuzigt! Und wir hatten gehofft, er sei der, der kommen würde, Israel zu befreien. Vorgestern ist es geschehen. Aber nun haben uns ein paar Frauen aus unserem Kreis erschreckt. Heute Morgen waren sie am Grab, fanden seinen Leib nicht und kamen mit der Nachricht zurück: Wir haben Engel gesehen! Die haben uns gesagt, er lebe!‹

›Warum versteht ihr so wenig‹, entgegnete Jesus. ›Warum braucht ihr so lange, um zu begreifen, was die Propheten längst gesagt haben? Gott wollte es! Christus musste all das leiden und von diesen Leiden aus seine Herrlichkeit gewinnen.‹ Mittlerweile näherten sie sich dem Dorf, und er tat so, als wolle er weitergehen. Sie baten ihn aber dringend: ›Bleibe bei uns! Es ist Abend, bald wird es dunkel sein!‹ So ging er mit ihnen in ihr Haus und blieb bei ihnen.

Da geschah es: während er mit ihnen beim Mahl war, nahm er das Brot, sprach das Dankgebet, brach das Brot und gab es ihnen. Da fiel es wie Schuppen von ihren Augen, und sie erkannten ihn.

Er aber verschwand vor ihnen. ›Wir haben es doch gespürt!‹, durchfuhr es sie. ›Unser Herz brannte doch in uns, während er an unserer Seite ging und uns das Wort der Schrift erklärte!‹«

Sie gehen miteinander über Land. Eine kleine, ummauerte Stadt liegt vor ihnen: Emmaus. Zwischen Felsen und Bäumen führt der gewundene Weg über eine bräunlich-grüne Au zu dem Stadttor, in dessen Nebentür eben ein weißer Hund springt. Hinter dem mächtigen Turm dehnt sich eine unendliche Weite, ein Meer vor fernen blauen Bergen. Im braunen Mantel erscheint Christus, der namenlose Wanderer, zwischen den beiden Männern – und in dem offenen Fenster in der Mauer der Stadt geschieht schon das Wunder des Erkennens: »Er nahm das Brot, dankte, brach's und gab's ihnen. Da wurden ihre Augen geöffnet.«

Noch mehr wird auf dem Bilde Memlings erzählt: In einer schmalen Bucht ruht ein Boot mit einigen Männern, und eben springt Petrus dem Ufer zu ins Wasser, Christus entgegen, den er am Lande erblickt hat.

Ein seltsames Licht liegt über dem Land. Zunächst scheint es das Licht eines hellen Mittags, so fast schattenlos liegen Bäume und Häuser unter dem Himmel. Aber ganz tief über dem Meer, am Fuß des Gebirges, geht die Sonne in diesem Augenblick erst auf. Oder geht sie unter? Nein, sie geht auf. Sie gehört zu der Szene am Wasser, die ja im ersten Licht des frühen Morgens geschieht.

Aber die Geschichte von der Erscheinung Jesu in Emmaus erzählt, es sei Abend gewesen, und der Tag habe sich geneigt. Das Licht, ob es der Schimmer der ersten Frühe, die Helle des Tages oder die sinkende Dämmerung sei, kommt nicht von einer Sonne. Es kommt gleichsam vom Maler, der seine Farben so schattenlos ins Licht malt, oder vom Erzähler der Geschichte her oder aus der Geschichte selbst.

Was wissen wir über die Welt, in der Ostern geschieht? Wer von uns vermag mit den Augen dessen zu sehen, der Auferstehung sieht und eben nicht Tod?

Es ist keine Landschaft, was Memling malt, sondern ein Glaube: der Glaube an den ewigen Tag, der keinen Wechsel von Helle und

Osterlandschaft mit Gang nach Emmaus.

Finsternis kennt, sondern nur ein alles umfassendes und durchdringendes Licht.

Das Land ist offen. Kaum mehr vorstellbar fern liegt jener Garten, in dem Maria noch tags zuvor gesessen hatte, der umzäunte und durch das Grab verstellte Garten der Klage und des ausweglosen Jammers. »Weit sollst du werden in deinem Herzen! Dein Sohn wird das Leid in Freude verwandeln«, hatte auf den Spruchbändern der Engel gestanden. »Das Leid wird dich nicht erdrücken.« Und nun wird das Herz weit wie das Land und wird dabei doch nicht heimatlos, sondern findet seinen guten, geborgenen Platz. Wie um die Weite einzugrenzen und dem Herzen einen Raum zum Bleiben zu schaffen, öffnet sich das Tor der Stadt, ein Haus steht da, und das Haus bietet Tisch und Bank. »Ich bin die Tür«, hatte Christus gesagt. »Wer durch mich eingeht, wird selig sein. Er wird ein- und ausgehen und Weide finden.«

Wir müssen alles Schwere gern erdulden,
weil es sich mit uns verhält wie mit dem Gras,
das unter dem Regenguss wächst.
Wenn er es überschüttet,
wird das Gras gebeugt und niedergedrückt,
aber das darüber hinlaufende Wasser
tut ihm keinen Schaden.
Hört der Regen auf,
dann richtet sich das Gras wieder auf
und streckt sich in seiner Kraft mit Freude und Lust.
So müssen auch wir
niedergebeugt und gedemütigt werden.
Gott aber will,
dass wir danach mit Lust und Freude
wieder aufstehen.

Elisabeth von Thüringen

Dort werden wir schauen,
schauen und lieben, lieben und loben
am Ende, ohne Ende.

Augustinus

Ein Weg. Im Halbdunkel zwischen steilen Waldhängen waren Maria, Josef und das Kind nach Ägypten unterwegs gewesen, Opfer der Gewalt. Immer gefährdet durch neue Gewalt. Ohne ein Ziel, an dem sie sich geborgen fühlen konnten. Und nun ein freies, lichtüberflutetes Land. Ein Ziel: eine gastliche Stadt. Ein Weg, auf dem die Wandernden begleitet sind, auch die beiden auf ihrem Weg nach Emmaus, obwohl sie nicht wussten, dass sich in dem fremden Wanderer Christus verbarg.

Wozu sorge ich?

Gott ist mein Hirte,
mir wird nichts mangeln.
Er weidet mich auf einer grünen Aue
und führt mich zum frischen Wasser.

Er erquickt meine Seele.
Mein Weg ist ohne Gefahr,
denn er selbst ist es,
der mich leitet.

Und wanderte ich im finstern Tal,
fürchte ich kein Unheil,
denn du bist bei mir.
Du gibst mir Frieden.

Du deckst meinen Tisch
in deinem Haus,
in das kein Feind mir folgt,
keine Schuld und kein Fluch.

Du machst meine Seele rein
und schmückst mich festlich.
Der Becher, den ich trinke,
fließt über von erfrischendem Trank.
Mit Güte und Freundlichkeit
umgibt mich Gott, solange ich lebe,
und ich habe Wohnrecht in seinem Haus,
jetzt und in Ewigkeit.

Psalm 23

Und von Ernst Ginsberg haben wir das Gebet:

Ich bitte dich, Herr, um die große Kraft,
diesen kleinen Tag zu bestehen,
um auf dem großen Wege zu dir
einen kleinen Schritt weiterzugehen.

Unendliches Wasser. Weit zurück liegt das Bild, auf dem Jesus, im Wasser des Jordan kniend, getauft wird, und also das Schicksal des Todes übernimmt und die Bedingungen des Menschenlebens in dieser Welt. Im Wasser versinken, aus dem Wasser auferstehen, das bildet sich auf jener Tafel ab. Und nun: Wie aus dem Wasser auferstanden, atmet Memlings Welt Weite, Schönheit und Unendlichkeit, als wäre sie »aus der Taufe gehoben« zu neuer Lebendigkeit.

Im Hintergrund sehen wir, schwach und aus großer Ferne, wie Petrus aus dem Boot ins Wasser springt. Er sieht Jesus am Ufer stehen, und es gibt für ihn nur einen Weg: den durch das Wasser. Wenige Tage vorher hatte er geleugnet, Jesus zu kennen. Nun wirft sich der ganze Mensch gleichsam in die Taufe, in der Hoffnung, als Verwandelter ans Ufer zu steigen, und Christus fasst seine Hand und stellt ihn wieder auf festen Grund. »Hast du mich lieb?«, fragt er. Und Petrus antwortet: »Ja, Herr, du weißt, dass ich dich liebe.«

Petrus wirft in dieser Szene am frühen Morgen die Last und Schuld seines Gewissens ins Wasser und strebt auf Christus zu, der am Land steht. Für ihn ist Ostern das Ende des Verrats und des Unglaubens. Und nun gilt das Wort, das Gott über Jesus sagt, der im Wasser des Jordan steht: »Das ist mein lieber Sohn«, auch für ihn.

Geheimnisvoll bist du überall nahe und wirkst,
und überall bist du verborgen.
Du bist in der Höhe, und sie fühlt dich nicht;
du bist in der Tiefe, und sie umgreift dein Wesen nicht.
Du bist ganz Wunder, wo immer wir dich suchen.
Nahe bist du und ferne.
Wer gelangt zu dir?
Der forschende Geist mit all seinem Sinnen
vermag es nicht.
Dir naht nur der Glaube, nur die Liebe, nur das Gebet.

Ephräm der Syrer, 4. Jh.

Ein Haus. Ein Tisch und ein Mahl. Drei Tage sind vergangen seit jenem Abend, an dem Christus das Obergewand abgelegt und sich die Schürze umgebunden hatte, um den Jüngern die Füße zu waschen. Es war jene Liebe, die sich an den niedrigsten Platz begibt, hingebend und opfernd, und darin den »Sinn« des Menschendaseins deutet.

Und wieder ist er mitten unter ihnen. »Wo zwei oder drei versammelt sind«, werde er unter ihnen sein, hatte er ihnen für die Restzeit dieser Welt versprochen. Er bricht ihnen das Brot und gibt ihnen den Platz am Tisch Gottes.

Er begleitet die beiden verlassenen Wanderer und ist doch nicht erkennbar. Indem die beiden aber den Unbekannten einladen: Bleibe bei uns, Herr!, sind sie plötzlich die Eingeladenen. Indem sie bereit sind, einem Unbekannten Brot und Wein zu reichen und ihm an ihrem Tisch Rast zu verschaffen, ist in ihrem Brot und Wein plötzlich Christus selbst und finden sie selbst an seinem Tisch Rast.

Und ein Wort von Jung-Stilling:

> Selig sind, die Heimweh haben,
> denn sie werden nach Hause kommen.

Helligkeit. Alles durchdringendes Licht. Es ist weder Morgen noch Abend noch auch das kurze Gleichgewicht der Mittagsstunde, sondern Tag. Der Tag Gottes, der ewige Tag. Vorbei die Nacht im Garten von Getsemane, in der es so fast unmöglich gewesen war, zu wollen, wie Gott will. Nun ist alles eins, auch unser Wille mit dem Willen Gottes. Es ist alles gut.

O Gott, gib mir die Demut des Geistes,
die meiner Niedrigkeit geziemt.
Gib mir das Aufstreben des Gemüts,
welches deine Hoheit verlangt.
Denn ich möchte dich anbeten.
Gib mir die Furcht, die deine Gerechtigkeit einflößt,
und die Hoffnung, die deine Güte in uns weckt.
Denn ich möchte beständig in dir leben.
Dir, dem Allmächtigen, möchte ich mich unterwerfen.
Dir, dem Allwissenden, möchte ich die Führung überlassen.
Zu dir, dem Vollkommensten und Besten,
möchte ich mich wenden.
Ich bitte dich, liebreicher Vater,
dass dein lebendiges Feuer mich reinigt,
dass dein helles Licht mich hell macht,
dass die brennende Liebe zu dir in mir so wirkt,
dass ich, ungehindert durch menschliche Dinge,
glücklich und sicher zu dir zurückkehre.

Vittoria Colonna

»Es steht geschrieben: ›Öl sollen wir Gott darbringen, Öl von Oliven, lauteres, gestoßenes, zum Leuchten.‹ Gepresst und gestoßen müssen wir sein, aber nicht zum Daliegen, sondern zum Leuchten.«

Rabbi Mosche von Kobryn

Ungehindertes Werk! Drei Tage sind seit der Stunde vergangen, in der Christus dem Verräter die Wange und den Schergen die Hände bot, jener Stunde, in der sein Werk menschlich gesehen zu Ende war und sein Gehorsam gegen den Willen Gottes allein noch in Machtlosigkeit und Untätigkeit bestehen konnte.

Die Geschichte von dem Weg der Jünger nach Emmaus endet mit ihrem Rückweg: »Und sie standen auf zu derselben Stunde, kehrten wieder nach Jerusalem zurück und fanden die Elf und den Kreis der Freunde versammelt. Die riefen ihnen entgegen: ›Es ist wahr! Der Herr ist auferstanden! Simon hat ihn gesehen.‹ Dann berichteten die beiden selbst, was auf dem Wege geschehen war und wie sie ihn an der Art, in der er das Brot brach, erkannt hatten.«

»Ich bin das Leben«, hatte Jesus gesagt. Komm an meinen Tisch. Dann geh und schaffe dem Leben Raum in dieser Welt des Todes. Tu dein Werk. Unbekümmert um Erfolg oder Misserfolg. Was dabei herauskommt, das sieht Gott. Das brauchst du nicht zu sehen. Tu, was dir aufgetragen ist, und überlass alle Sorge Gott.

»Ich bin der Weg«, hatte Jesus gesagt. Geh zu den Menschen. Trage die Wahrheit weiter. Es ist dein Weg nach Hause. Zum Vater.

> »Die Welt lebt, das glaube ich, viel mehr, als es ihr bewusst ist, von dem unscheinbaren Werk der Geduld, dem Lächeln der Versöhnlichkeit, von dem mutigen Vertrauen – nicht ihrer Träumer, sondern der Erschrockenen und Leidenden.«
>
> *Albrecht Goes*

Zwei Tage liegt das Bild zurück, wie sie beide unter dem Baldachin stehen, einander ähnlich wie Brüder, Pilatus und Christus, der Mensch in seiner unansehnlichen Gestalt, und Pilatus sagt: Seht! Der Mensch! »Ich will«, schreibt Paulus, »der Gestalt seines Leidens ähnlich werden, damit ich auch der Gestalt seiner Herrlichkeit gleich sei.« Und Johannes: »Wir sind nun Gottes Kinder. Es ist aber noch nicht sichtbar, was wir sein werden. Wir wissen aber, wenn es sichtbar sein wird, werden wir ihm gleichen, denn wir werden ihn sehen, wie er ist.«

Es ist die Antwort auf das rätselhafte Wort der Schöpfungsgeschichte, Gott habe den Menschen nach seinem Bilde geschaffen. Wieder wird der Mensch dem gegenüber stehen und den sehen, dessen Bild er ist. Und wenn das Wort »Schönheit« in der Welt des Glaubens einen Raum hat, wenn es Vollkommenheit meint, Lebendigkeit und Sinn, dann mag man sagen: Wir werden schön sein, wie er schön ist.

> »Spät hab ich dich geliebt, du Schönheit, ewig alt und ewig neu, spät hab ich dich geliebt! Und sieh, du warst immer bei mir, ich aber lief hinaus und suchte draußen dich, und hässlich ungestalt warf ich mich auf das Schöne, das du geschaffen. Du warst bei mir, und ich war nicht bei dir. Und was von dir solang mich fern hielt, waren Dinge, die doch, wenn sie in dir nicht wären, gar nicht wären. Du aber riefst und schriest und brachst mir meine Taubheit. Du blitztest, strahltest und verjagtest meine Blindheit. Du duftetest, und ich trank deinen Duft und atme nun in dir. Gekostet hab ich dich, nun hungre ich nach dir und dürste. Du berührtest mich, ich aber glühe in Sehnsucht auf, in Sehnsucht nach deinem Frieden.«
>
> *Augustin*

Ein Land wie ein Garten. Mit jedem Blick, den der hoffende und vertrauende Mensch über die Grenze dieser sichtbaren Welt hinauswirft, begegnet ihm ein Bild, ein Symbol, ein Gleichnis sichtbarer und vertrauter Dinge. Er spricht vom himmlischen Reich, von der Stadt mit den goldenen Gassen, vom Haus des Vaters und vom Fest, von einem goldenen Saal, von überirdischer Musik, von neuen Gewändern, die wir Menschen empfangen, von Liedern, die dort gesungen werden, oder Instrumenten, die erklingen. Und es ist nicht kindlich, sondern gut und richtig, an solchen Bildern festzuhalten, wohl wissend, dass es Bilder sind und dass die Wirklichkeit noch einmal ganz anders ein wird. Sich an ihnen zu freuen, sie zu schauen und sie in sich einzulassen.

»Wir armen Menschen«, sagt Luther, »müssen nun einmal in den fünf Sinnen leben, und alles neben den Worten in Zeichen fassen, weil wir nichts ohne Bild verstehen oder denken können.« Und so hat Bernhard von Clairvaux vor achthundert Jahren mit besonderer Liebe immer wieder vom »Garten« gesprochen, wenn er von unserer Zukunft sprach, und sah in Bäumen, Blumen und Quellen, in festlicher Musik und durch Liebe verbundenen Menschen alles abgebildet, was der Mensch wissen müsse, um über seinen Tod hinauszudenken. »Da sollst du dich oft ergehen«, sagt er, »in dem blumenreichen Garten, in dem man Gott lobt.« Er gibt damit eine Anweisung nicht für Träumer, sondern für Menschen, die in der Nähe Christi von der bannenden Macht ihrer Angst frei werden möchten. Und niemand lasse sich Bilder dieser Art nehmen.

Und noch ein paar Worte, die Sie immer wieder durchsprechen, durchdenken, durchgehen können auf Ihrem Weg:

Lebe du in mir, heiliger Gott.
Ich möchte nichts als da sein
und durch dich leben.
Ich will mich lassen, mich freigeben.
Ich möchte mich öffnen
und mich geöffnet in der Hand halten,
dir entgegen.

Wirke du in mir so,
dass du mein Leben bist.
Sei du um mich so,
dass du meine Welt bist.
Durchdringe mich,
dass ich selbst unwichtig werde
und du allein bleibst.

Oder das Gebet von Franz von Assisi:

Du bist heilig, Herr, Gott: du bist der all-eine Gott;
der Eine, der Wundertaten vollbringt.
Du bist der Starke, du bist der Große, du bist der Höchste.
Du bist allmächtig, du bist heilig,
der Vater und König des Himmels und der Erde.
Du bist der Gute, jegliches Gut, das höchste Gut, Herr,
der lebendige und wahre Gott.
Du bist die Güte, die Liebe.
Du bist die Weisheit, du bist die Demut, du bist die Geduld.
Du bist die Geborgenheit, die Ruhe,
die Fröhlichkeit und die Freude.
Du bist die Gerechtigkeit und das Maß.
Du bist aller Reichtum zur Genüge.
Du bist die Milde.
Du bist der Beschützer, der Hüter und Schirmherr.

Du bist unsere Zuflucht und Stärke.
Du bist unser Glaube, unsere Hoffnung und unsere Liebe
– unsere große Glückseligkeit.
Du bist die unendliche Güte,
großer und wunderbarer Herr, Gott, allmächtig,
liebreich, erbarmend und heilbringend.

Oder das Segenswort, das im Philipperbrief steht:

Freut euch in Gott allezeit,
und noch einmal sage ich:
Freut euch!

Lasst eure Güte ausstrahlen
zu allen Menschen.
Christus ist nahe.

Sorget nichts,
Bittet Gott um alles,
was euch fehlt, und dankt ihm.

Und der Friede Gottes,
der höher ist als alle Vernunft,
bewahre eure Herzen und Sinne
in Christus Jesus.

Oder ein Lied, das davon spricht, wir würden wieder »Gottes Bild« werden:

Wir bitten Gott um seinen Segen,
dass wir wie schöne Bäume stehn
in seiner Sonne, seinem Regen,
wie einst im Paradies geschehn.

Der Schöpfer aller Welt verleihe,
dass uns sein Schaffen ganz durchdringt,

dass gute Frucht an uns gedeihe
und unser Werk durch ihn gelingt.

Mit seinem Quell mög er uns tränken,
aus dem sein Geist wie Wasser quillt,
uns mit der Liebe Kraft beschenken –
so sind wir wieder Gottes Bild.

J. Z.

Und vielleicht beschließen Sie Ihren Tag dann und wann mit dem alten, schönen Gebet aus der Liturgie der Kirche:

Bleibe bei uns, Herr, denn es will Abend werden,
und der Tag hat sich geneigt.
Bleibe bei uns und bei allen Menschen.
Bleibe bei uns am Abend des Tages,
am Abend des Lebens, am Abend der Welt.
Bleibe bei uns mit deiner Gnade und Güte,
mit deinem heiligen Wort und Sakrament,
mit deinem Trost und Segen.
Bleibe bei uns, wenn über uns kommt
die Nacht der Trübsal und Angst,
die Nacht des Zweifels und der Anfechtung,
die Nacht des bitteren Todes.
Bleibe bei uns und bei allen deinen Gläubigen
in Zeit und Ewigkeit. Amen.

Bildnachweis

S. 13 Ulmer Meister, Verkündigung der Geburt Mariens an die Hl. Anna, Inv.Nr. 2675, Staatsgalerie Stuttgart

S. 21 Flucht nach Ägypten. Aus dem Altar des Meisters der Goldenen Tafel von Lüneburg, um 1420, Hannover, Landesgalerie. Archiv Zink

S. 29 Taufe Jesu, a. a. O.

S. 37 Fußwaschung, a. a. O.

S. 45 Gebet Jesu in Getsemane, a. a. O.

S. 53 Gefangennahme Jesu, a. a. O.

S. 61 Jesus und Pilatus, a. a. O.

S. 73 Gang nach Emmaus. Ausschnitt aus dem »Altar der sieben Freuden Mariä« von Hans Memling (1433–1494). München, Alte Pinakothek. Archiv Zink

Vollständig überarbeitete Ausgabe des erstmalig
1968 erschienenen gleichnamigen Titels.

2 3 4 5 6 04 03 02 01 00

Ein Unternehmen der Dornier Medienholding GmbH
Postfach 80 06 69, 70506 Stuttgart, Tel. 0711-78 80 30
Umschlaggestaltung: Jürgen Reichert, Stuttgart
Umschlagmotiv: Meister der Goldenen Tafel von Lüneburg um 1420,
Gebet Jesu in Getsemane, Ausschnitt
Gesamtherstellung: W. Röck, Weinsberg
3 7831 1668 6

88

L'exploitation et la préservation

- L'exemple de la **forêt française** : ressource exploitée depuis toujours et aujourd'hui **encadrée et réglementée** (code forestier de 1827).
- L'environnement est désormais considéré comme ***« global commons »*** (biens communs de l'humanité).

W0327344

THÈME 5 : BAC TOUTES ANNÉES

L'environnement, un enjeu planétaire

Focus sur l

Une attitude ambiguë :

- un pays **pionnier dans la protection**
Yellowstone créé en 1872) ;
- **une attitude incertaine au niveau m**
l'accord de Paris de 2015 sur le climat).

Les difficultés à faire la paix

- L'**échec de la paix** européenne **par les traités** (« *Depuis le traité de Westphalie – 1648 – la guerre a été l'état habituel de l'Europe* », Saint-Simon, 1814).
- Au début du XXIe siècle, durant les mandats de Kofi Annan comme secrétaire général (1997-2006), l'ONU obtient de **fragiles succès dans la sécurité collective** (administration provisoire du Kosovo, fin de la guerre civile en Sierra Leone, lutte contre le terrorisme).

en-Orient

inien sans solution définitive ; c'est
que et une **guerre étouffée ;**
2003) débouchent sur un **chaos**
ons réelles aujourd'hui.

L'évolution des formes de guerre

- Le **modèle clausewitzien de la guerre conventionnelle** (Guerre de Sept Ans, guerres de la Révolution) reste valide dans les **conflits interétatiques contemporains.**
- De **nouvelles conflictualités** (recrudescence des guerres intra-étatiques, conflits asymétriques) et la **déterritorialisation de la guerre** (terrorisme mondialisé) sont apparues depuis la seconde moitié du XXe siècle.

THÈME 2 : BAC TOUTES ANNÉES
Faire la guerre, faire la paix

Focus sur le Mo

Une zone de tensions permanentes :

- depuis 1973, un **conflit israélo-pales** aujourd'hui à la fois une **guerre asymét**
- les deux **guerres du Golfe** (1991 e **géopolitique régional,** encore sans solu

La mer, sixième continent

- La **convention de Montego Bay** (1982) fixe le cadre d'une utilisation pacifique des mers et des océans.
- Depuis 2018, une législation, sous l'égide de l'ONU, vise à protéger les espaces marins hors souveraineté nationale **(BBNJ).**
- Les **États-Unis** sont encore aujourd'hui le seul pays à **projection maritime mondiale.**

THÈME 1 : BAC ANNÉES PAIRES

De nouveaux espaces de conquête : océan et espace

a Chine

ıquête de l'**espace** (première puissance
ıllites) ;
ans lui permettant de consolider ses
erles).

Les conflits

- Le débat historiographique sur les **causes de la Première Guerre mondiale** a évolué vers l'acceptation progressive d'un **partage des responsabilités** dans le déclenchement du conflit.
- **Les mémoires de la guerre d'Algérie** : en cours d'**inscription** durable **dans la mémoire collective française** et toujours **largement instrumentalisées en Algérie.**

THÈME 3 : BA

Histoire

Focus sur le génocide des Juifs

Histoire et mémoire du génocide :

- des **lieux de mémoire pour se souvenir :** le
celui d'Auschwitz-Birkenau comme fragile tra
musées et mémoriaux comme lieux de mémoire
- la **littérature** (*Holocauste* d'Elie Wiesel) et le
Claude Lanzmann) pour **témoigner, informer e**

La préservation du patrimoine

- Le patrimoine est l'objet d'**arbitrages successifs** et doit **s'adapter aux mutations** contemporaines (Paris).
- Le patrimoine est de plus en plus **menacé : dégradation** physique et surfréquentation (Venise), **enjeu géopolitique** (Mali).

ANNÉES IMPAIRES

trimoine :
éopolitiques

imoine français

n patrimoine protégé, valorisé et valorisant :
l'**action de l'État** (loi de 1913, actions d'André
lalraux et de Jack Lang) ;
une composante du **rayonnement international** de la France (« **repas gastronomique** es Français » inscrit au patrimoine mondial de humanité).

La notion et les usages du patrimoine

- La notion de patrimoine est née en **Europe** et concerne d'abord **« les vestiges remarquables du passé national »** (château de **Versailles**).
- Elle devient progressivement un **concept universel** : définition du **patrimoine mondial immatériel** par l'Unesco en 2003.
- Le patrimoine comme **affirmation identitaire** peut être l'objet de tensions (frises du **Parthénon**).

THÈME 4 : BA

Le pa
enjeux

Focus sur le pa

La justice

- Depuis le procès de **Nuremberg (1945-1946),** le développement de la **justice internationale** a permis de dépasser les frontières pour punir les criminels de guerre (Tribunal pénal international pour l'ex-Yougoslavie, Cour pénale internationale de La Haye).
- Les réussites de la **justice locale** pour apaiser et cicatriser : les **tribunaux *gacaca* au Rwanda.**

ANNÉES PAIRES

t mémoire

t des Tsiganes

camps comme
matérielle, les
mblématiques ;
éma (*Shoah* de
ransmettre.

FICHES détachables

Objectif BAC T^le

SPÉCIALITÉ

Histoire-Géo Géopolitique Sciences politiques

Vincent ADOUMIÉ
Agrégé d'histoire
Agrégé de géographie
Lycée Dumont-d'Urville (Toulon)

hachette
ÉDUCATION

Pour réviser efficacement !

Des fiches synthétiques et complètes

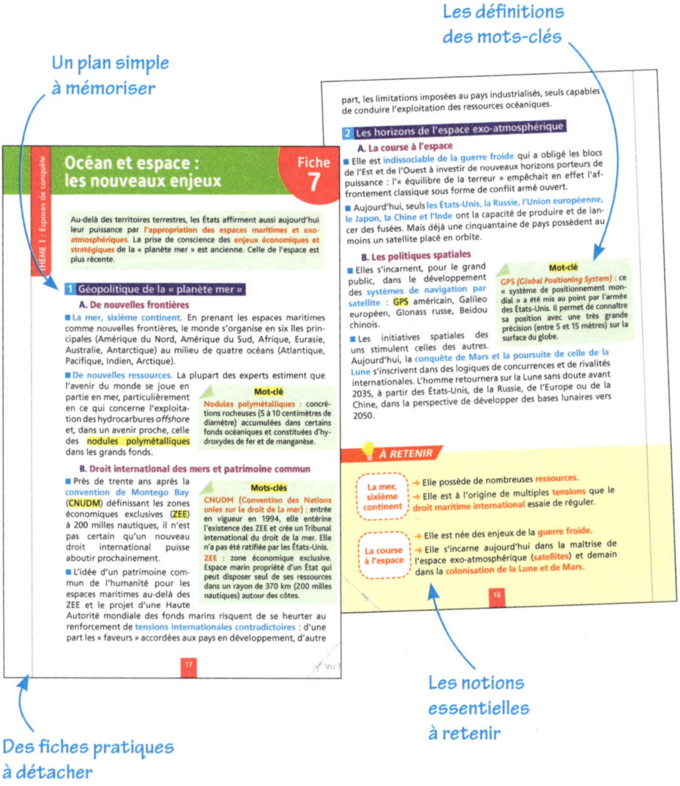

THÈME 1 : Espaces de conquête

Océan et espace : les nouveaux enjeux — Fiche 7

Au-delà des territoires terrestres, les États affirment aussi aujourd'hui leur puissance par l'appropriation des espaces maritimes et exo-atmosphériques. La prise de conscience des enjeux économiques et stratégiques de la « planète mer » est ancienne. Celle de l'espace est plus récente.

1 Géopolitique de la « planète mer »

A. De nouvelles frontières

■ La mer, sixième continent. En prenant les espaces maritimes comme nouvelles frontières, le monde s'organise en six îles principales (Amérique du Nord, Amérique du Sud, Afrique, Eurasie, Australie, Antarctique) au milieu de quatre océans (Atlantique, Pacifique, Indien, Arctique).

■ De nouvelles ressources. La plupart des experts estiment que l'avenir du monde se joue en partie en mer, particulièrement en ce qui concerne l'exploitation des hydrocarbures *offshore* et, dans un avenir proche, celle des nodules polymétalliques dans les grands fonds.

Mot-clé
Nodules polymétalliques : concrétions rocheuses (5 à 10 centimètres de diamètre) accumulées dans certains fonds océaniques et constituées d'hydroxydes de fer et de manganèse.

B. Droit international des mers et patrimoine commun

■ Près de trente ans après la convention de Montego Bay (CNUDM) définissant les zones économiques exclusives (ZEE) à 200 milles nautiques, il n'est pas certain qu'un nouveau droit international puisse aboutir prochainement.

■ L'idée d'un patrimoine commun de l'humanité pour les espaces maritimes au-delà des ZEE et le projet d'une Haute Autorité mondiale des fonds marins risquent de se heurter au renforcement de tensions internationales contradictoires : d'une part les « faveurs » accordées aux pays en développement, d'autre

Mots-clés
CNUDM (Convention des Nations unies sur le droit de la mer) : entrée en vigueur en 1994, elle entérine l'existence des ZEE et crée un Tribunal international du droit de la mer. Elle n'a pas été ratifiée par les États-Unis.
ZEE : zone économique exclusive. Espace marin propriété d'un État qui peut disposer seul de ses ressources dans un rayon de 370 km (200 milles nautiques) autour des côtes.

17

part, les limitations imposées au pays industrialisés, seuls capables de conduire l'exploitation des ressources océaniques.

2 Les horizons de l'espace exo-atmosphérique

A. La course à l'espace

■ Elle est indissociable de la guerre froide qui a obligé les blocs de l'Est et de l'Ouest à investir de nouveaux horizons porteurs de puissance : l'« équilibre de la terreur » empêchait en effet l'affrontement classique sous forme de conflit armé ouvert.

■ Aujourd'hui, seuls les États-Unis, la Russie, l'Union européenne, le Japon, la Chine et l'Inde ont la capacité de produire et de lancer des fusées. Mais déjà une cinquantaine de pays possèdent au moins un satellite placé en orbite.

B. Les politiques spatiales

■ Elles s'incarnent, pour le grand public, dans le développement des systèmes de navigation par satellite : GPS américain, Galileo européen, Glonass russe, Beidou chinois.

■ Les initiatives spatiales des uns stimulent celles des autres. Aujourd'hui, la conquête de Mars et la poursuite de celle de la Lune s'inscrivent dans des logiques de concurrences et de rivalités internationales. L'homme retournera sur la Lune sans doute avant 2035, à partir des États-Unis, de la Russie, de l'Europe ou de la Chine, dans la perspective de développer des bases lunaires vers 2050.

Mot-clé
GPS (*Global Positioning System*) : ce « système de positionnement mondial » a été mis au point par l'armée des États-Unis. Il permet de connaître sa position avec une très grande précision (entre 5 et 15 mètres) sur la surface du globe.

À RETENIR

La mer, sixième continent
→ Elle possède de nombreuses ressources.
→ Elle est à l'origine de multiples tensions que le droit maritime international essaie de réguler.

La course à l'espace
→ Elle est née des enjeux de la guerre froide.
→ Elle s'incarne aujourd'hui dans la maîtrise de l'espace exo-atmosphérique (satellites) et demain dans la colonisation de la Lune et de Mars.

18

Conception graphique
Couverture : Stéphanie Benoit
Intérieur et dépliant : Manon Guérin

Mise en pages : Médiamax
Édition : S. M.

www.parascolaire.hachette-education.com

ISBN : 978-2-01-714749-7

Achevé d'imprimer en Novembre 2020 en Roumanie par Rotolito
Dépôt légal : Janvier 2021 - Édition 01 - 17/7358/8

Crédits photographiques
Intérieur : pp. 14, 108 : Shutterstock ; p. 24 : Nasa/Novapix/Leemage ; p. 89 : Philippe Desmazes/AFP/Getty Images. **Dépliant** : pp. 1, 4, 7, 10, 11 : Shutterstock ; p. 6 : Bridgeman Images/Leemage.

Sommaire

Comprendre l'épreuve

Thème 1 : De nouveaux espaces de conquête

BAC ANNÉES PAIRES

Thème 2 : Faire la guerre, faire la paix

BAC TOUTES ANNÉES

Thème 3 : Histoire et mémoires

BAC ANNÉES PAIRES

Thème 4 : Identifier, protéger et valoriser le patrimoine

BAC ANNÉES IMPAIRES

Thème 5 : L'environnement, entre exploitation et protection

BAC TOUTES ANNÉES

Thème 6 : L'enjeu de la connaissance

BAC ANNÉES IMPAIRES

Définition de l'épreuve

Fiche 1

L'épreuve de spécialité histoire-géographie, géopolitique et sciences politiques se compose d'une **épreuve écrite** notée sur 20 points. Le **coefficient** de cette épreuve est **16**.

1 Le programme à étudier

■ L'épreuve ne porte que sur **une partie du programme** de l'enseignement de spécialité histoire-géographie, géopolitique et sciences politiques :
– les **thèmes 1, 2, 3 et 5** les **années paires** ;
– les **thèmes 2, 4, 5 et 6** les **années impaires**.

2 La nature de l'épreuve

■ Durée : 4 heures.

■ L'épreuve est composée de deux exercices notés chacun sur 10 points :
– une **dissertation** ;
– une **étude critique d'un (ou deux) document(s)**.

■ Les deux exercices ne peuvent pas porter sur le même thème.

A. La dissertation

■ La dissertation est une réponse construite à un sujet donné, avec une **introduction**, un **développement** et une **conclusion**.

■ La réalisation d'un **croquis** ou d'un **schéma** amènera une valorisation de la note ; un fond de carte pourra être fourni si cela est adapté au sujet. La réalisation de cette production graphique n'a **aucun caractère obligatoire** et son absence ne peut aucunement pénaliser le candidat.

B. L'étude critique de document(s)

■ Il s'agit d'une étude critique d'**un** ou de **deux documents** (dans ce cas, les deux documents sont de nature différente).

■ Le sujet se compose d'un titre et d'un ou de deux documents accompagnés d'une **consigne**, qui vise à orienter le travail du candidat.

■ Un nombre limité de notes explicatives peut également figurer.

Vu !

3 Les attentes des correcteurs

A. Les attentes globales

■ Les correcteurs évaluent votre aptitude à :
– mobiliser vos connaissances acquises ;
– construire une problématique ;
– rédiger des réponses construites et argumentées ;
– exploiter, organiser et confronter des informations ;
– analyser des documents de sources et de natures diverses et en faire une étude critique ;
– faire preuve de capacités de réflexion en les étayant par des connaissances.

B. Les attentes spécifiques pour la dissertation

■ Vous devez montrer que :
– vous maîtrisez vos connaissances et savez les sélectionner ;
– vous êtes capable d'organiser ces connaissances de manière à traiter le sujet ;
– vous avez acquis des capacités d'analyse et de réflexion.

■ **Pour traiter le sujet,** vous devez :
– analyser le sujet et élaborer une problématique ;
– rédiger un texte pertinent comportant une introduction (dégageant les enjeux du sujet et un fil conducteur en énonçant une problématique), plusieurs parties structurées et une conclusion (qui répond à la problématique).

C. Les attentes spécifiques pour l'étude critique de document(s)

■ Vous devez montrer que :
– vous êtes capable de construire une problématique à partir du sujet indiqué par le titre et abordé par le (ou les) document(s) ;
– vous comprenez le sens général du (ou des deux) document(s) ;
– vous êtes capable de sélectionner les informations, de les hiérarchiser, de les expliciter ;
– vous savez prendre un recul critique en réponse à votre problématique, en vous appuyant d'une part sur le contenu du (ou des deux) document(s) et, d'autre part, sur vos connaissances personnelles.

■ **Pour traiter le sujet,** vous devez :
– analyser de manière critique les documents en prenant appui sur la consigne et élaborer une problématique ;
– rédiger une introduction comportant une problématique ;
– organiser votre propos en plusieurs paragraphes ;
– rédiger une conclusion qui comporte une réponse à la problématique.

Méthode de la dissertation

Fiche 2

La dissertation est **une réponse organisée** à un sujet. Elle permet d'évaluer la capacité du candidat à **comprendre un énoncé** et à **mobiliser ses connaissances** en vue de rédiger **un devoir construit** et étayé par des exemples précis.

1 Les étapes de la préparation

A. Analyser le sujet

- Vous devez d'abord repérer les **mots-clés** dans l'énoncé et les expliquer ainsi que délimiter l'**espace** et le **temps** qui sont concernés par le sujet.
- La dissertation peut être **accompagnée d'une consigne** lorsque le sujet est vaste ou fait appel à des notions complexes. Dans ce cas, vous devez lire soigneusement cette consigne et la respecter, particulièrement quand **elle précise le champ du sujet** ou indique **quels exemples ou études de cas** il faut privilégier pour étayer votre démonstration.

B. Dégager une problématique

Votre problématique doit tenir compte des mots-clés, des bornes chronologiques. **Elle annonce ce que vous voulez démontrer**.

C. Illustrer votre dissertation

Pour l'épreuve du baccalauréat, vous pouvez illustrer votre dissertation par un croquis, un schéma ou une carte. Vous ne serez pas pénalisé si vous n'en fournissez pas. C'est **un choix uniquement valorisant** qui est proposé.

2 Mobiliser ses savoir-faire

A. Construire un plan

- L'élaboration du plan se réalise au brouillon. Vous devez au préalable vous interroger sur la nature de votre plan :
– le **plan thématique** met en évidence dans chacune de ses parties un thème majeur du sujet ;
– le **plan chronologique** est organisé en parties délimitées par des dates ou des périodes constituant des ruptures, des charnières à l'intérieur des bornes chronologiques du sujet ;
– le **plan analytique**, plus rare, permet de rechercher les causes et les conséquences d'un événement ou d'un phénomène.

Vu

B. Développer le sujet au brouillon

■ Cette étape consiste d'abord à **mobiliser les connaissances** correspondant à votre plan : répertorier les idées essentielles, les mots-clés, les événements, les dates.

■ Vous devez ensuite **hiérarchiser ces connaissances** : associer chaque idée au thème de chaque partie, dégager des arguments et des exemples éventuels illustrant ces arguments.

3 Rédiger la dissertation

A. Rédiger l'introduction et la conclusion

■ **L'introduction** doit :
- définir les termes du sujet afin d'en présenter l'intérêt ;
- mettre en évidence la problématique ;
- annoncer le plan (en utilisant des phrases courtes reliées entre elles par des connecteurs logiques).

■ **La conclusion** doit :
- répondre à la problématique de l'introduction ;
- ouvrir le sujet afin de montrer ses prolongements sur la période suivante ou sur d'autres thèmes.

B. Rédiger le développement

■ Lors de la rédaction, vous devez bien insister sur la hiérarchisation des connaissances (à la fois dans la présentation et dans le contenu). Chaque partie de votre développement doit comporter :
- une première phrase annonçant l'**idée principale** ;
- des **sous-parties distinctes** développant chacune un argument répondant à cette idée ;
- des **exemples** venant appuyer l'argumentation ;
- des **connecteurs logiques** pour articuler le raisonnement ;
- une **phrase de transition** permettant de passer à la partie suivante.

C. Réaliser un croquis, un schéma ou une carte (facultatifs)

■ **Si un fond de carte est fourni avec le sujet,** c'est qu'il y a matière à réaliser, de manière très simple, une production cartographique en rapport avec le sujet. Essayez donc de l'utiliser sans y passer trop de temps, car vous ne pouvez consacrer que deux heures à la dissertation.

■ **S'il n'y a pas de fond de carte fourni,** vous pouvez réaliser à main levée un schéma ou un croquis ou faire un tableau synthétique.

Exemple de dissertation : sujet corrigé

Fiche 3

SUJET

Faire la paix, des traités de Westphalie (1648) aux mandats de Kofi Annan (1997-2006).

Vous appuierez votre démonstration sur des exemples illustrant l'échec de la construction de la paix par les traités et les réussites ainsi que les limites de la sécurité collective après 1945.

Le sujet est à replacer dans la deuxième partie du programme. Celle-ci peut systématiquement « tomber » le jour du baccalauréat puisqu'il s'agit d'**un thème permanent** à étudier obligatoirement tous les ans.

Introduction

Après les traités de paix de Westphalie (1648) censés établir la paix en Europe, Saint-Simon écrit que la guerre est devenue « l'état habituel du genre humain ». Il apparaît donc que l'établissement de la paix n'est pas une chose facile puisque les conflits s'enchaînent jusqu'à la Seconde Guerre mondiale.

Quels sont les outils de la construction de la paix entre le XVIIe siècle et le début du XXIe siècle ? Ces outils permettent-ils réellement de faire la paix ?

Faire la paix par les traités **semble illusoire** *[partie I]*. Ce n'est qu'après 1945 que naît une véritable tentative d'empêcher le recours à la guerre, particulièrement par le biais d'**organismes internationaux** de régulation de la paix *[partie II]*. Mais si, depuis 1945, cette régulation a évité un autre embrasement mondial, elle n'a pas empêché l'apparition de **nouvelles conflictualités** *[partie III]*.

I L'échec de la résolution des conflits par les traités

- **Les deux traités de paix de Westphalie** (1648) mettent fin à la guerre de Trente Ans qui a opposé la plupart des puissances européennes de l'époque.
- Malgré les espoirs des promoteurs de ces traités, la stabilisation des frontières étatiques en Europe **n'a pas du tout pacifié** les relations internationales européennes.

■ Dès 1661, Louis XIV entreprend de faire du territoire français le plus grand d'Europe dans **une succession ininterrompue** de guerres et de traités.

II Les succès relatifs de la résolution des conflits par la sécurité collective

■ La Charte de l'ONU (1945) précise les objectifs fixés : le **maintien de la paix** et de la sécurité internationale, le développement entre les nations de relations amicales et le droit des peuples à disposer d'eux-mêmes.

■ Depuis la fin de la guerre froide, l'ONU joue un rôle capital dans la résolution des conflits, à travers trois types d'actions : le **rétablissement de la paix** par des moyens diplomatiques ; le **maintien de la paix** avec une force d'interposition ; l'**imposition de la paix** en cas d'échec du maintien de la paix.

■ Les **Casques bleus** ont le droit de faire usage de leurs armes pour leur propre défense et celle des populations civiles. Les crimes commis contre des populations civiles ont conduit le Conseil de sécurité de l'ONU à créer **deux tribunaux pénaux internationaux**.

III Les limites de la résolution des conflits par la sécurité collective

■ Les conflits armés directs entre États sont en recul mais ils révèlent les faillites de la sécurité collective : **lutte contre le terrorisme** (Afghanistan en 2001), **guerre « préventive »** (seconde guerre du Golfe de 2003).

■ Les conflits intra-étatiques (conflits ethniques, guerres civiles, violences criminelles) sont les plus nombreux, notamment dans les **pays du Sud** où sont localisés le plus grand nombre d'**États défaillants**.

■ On assiste également à une mondialisation et à une radicalisation du **terrorisme** depuis les années 2000. Les attentats visent à tuer le plus grand nombre de personnes et à créer **un climat d'insécurité** à travers la médiatisation dont ils sont l'objet. Face à eux, la sécurité collective est impuissante.

Conclusion

Faire la paix aujourd'hui passe bien évidemment par la **sécurité collective**, incarnée principalement par l'ONU. Mais cette dernière **peine à résoudre** les nouvelles conflictualités apparues au début des années 2000.

Méthode de l'étude critique de document(s)

Fiche 4

L'étude critique de document permet de montrer votre capacité à **comprendre le contenu**, l'apport et la portée d'un document grâce à la consigne qui l'accompagne afin d'en **dégager le sens général** et éventuellement **ses limites** (critique).
Lorsque **deux documents** sont proposés, il faut **dégager le sens général** de chaque document puis, suivant les indications de la consigne, les utiliser **en complément** l'un de l'autre ou les **mettre en relation** dans le but de montrer l'intérêt de cette confrontation.

1 Présenter le (ou les) document(s)

■ Vous devez indiquer, pour le (ou les) document(s), les éléments suivants :
- **nature** du document et **auteur** ;
- **date** et période concernée ;
- destinataires (éventuellement) ;
- **contexte historique** (à ne pas développer au-delà de ce qui est utile à la compréhension du document).

2 Dégager le sens général du (ou des) document(s)

A. Pour un document

■ **Organisez l'étude critique du document selon un plan** que vous choisirez et qui devra mettre en valeur ses idées essentielles et répondre aux questions.

■ **Relevez toutes les informations** fournies par le document.

■ **Classez-les** selon ce plan.

■ **Commentez** ces informations à partir de vos connaissances personnelles.

B. Pour plusieurs documents

■ Pour confronter plusieurs documents traitant d'une même situation historique ou d'un même thème, répondez aux questions suivantes :
- se **complètent**-ils ?
- s'**opposent**-ils ?
- en quoi montrent-ils une **évolution** ?

Vu

C. Erreurs à éviter

- L'analyse consiste toujours à expliquer dans le(s) document(s) tout ce qui mérite une définition, un éclaircissement en relation avec les questions.

- Vous devez impérativement éviter :
– de faire des paraphrases, en répétant le document sans l'expliquer. C'est l'erreur la plus fréquente. La plupart du temps, l'élève croit commenter le document mais il le cite en fait trop largement (il arrive qu'il le recopie quasiment) et reformule, dans des termes souvent plus maladroits que l'original, ce qui est écrit ;
– de réciter vos connaissances sans faire référence au(x) document(s). C'est aussi une erreur fréquente et une solution de facilité durement sanctionnée par la notation. Le document n'est alors pas étudié en lui-même, il devient un prétexte à déverser des connaissances sur le thème évoqué sans être réellement pris en compte.

3 Rédiger l'analyse

- Vous devez organiser la rédaction de votre étude critique. Cependant, eu égard au temps limité imparti à l'exercice, il vous faut aller à l'essentiel.

- L'introduction doit présenter le (ou les) document(s).

- Le développement (deux ou trois parties) doit être basé sur les principaux thèmes du document tels qu'ils sont mis en lumière par la consigne. Vous devez reformuler, grâce à vos connaissances, les idées du (ou des) document(s) en les justifiant par quelques courtes citations.

- La conclusion fait le bilan du document. Elle peut souligner les prolongements éventuels des idées développées pour une période postérieure.

Exemple d'étude critique de documents (1) : sujet

Fiche 5

SUJET

Les États-Unis et la question environnementale.

En utilisant les documents et en vous aidant de vos connaissances personnelles, vous rappellerez comment s'est développée la politique environnementale américaine et de quelle manière elle s'articule entre l'État fédéral et les collectivités territoriales. Puis vous expliquerez quelle est l'attitude actuelle des États-Unis face au problème environnemental à l'échelle internationale.

Document 1 Protéger les ressources naturelles pour mieux les exploiter

[…] Il faut regarder en avant de soi, se pénétrer du fait que gaspiller, que détruire nos ressources naturelles, que dépouiller et épuiser le sol au lieu d'accroître sa fécondité, c'est compromettre pour nos fils la prospérité même que nous devrions en toute justice leur transmettre plus ample et plus développée. L'irrigation devrait être beaucoup plus développée qu'à présent, non seulement dans les États des Grandes Plaines et des Montagnes Rocheuses, mais en beaucoup d'autres, comme par exemple dans des parties étendues des États du Sud et du Golfe, où elle devrait être poursuivie concurremment avec l'assèchement des marécages… L'œuvre du service d'assèchement en vue de développer les aptitudes plus grandes pour l'irrigation de la moitié occidentale de notre pays est plus importante que presque n'importe quel autre mouvement. […]

Une législation comme celle qui est proposée est essentielle pour sauvegarder les grandes étendues de terres publiques de pâturages impropres à la culture d'après les méthodes actuelles et qui ne valent que pour le fourrage qu'elles fournissent. Ces étendues atteignent environ 300 millions d'acres, et sont ouvertes à la libre pâture du bétail des moutons, des chevaux et des chèvres sans aucune restriction. La consommation actuelle de bois de construction est certainement le triple de la pousse annuelle ; et si la consommation et la croissance restent sans changement, notre bois sera pratiquement épuisé dans une génération… Environ 20 % de notre sol boisé est à l'heure actuelle réservé dans des forêts nationales ; mais ils ne comprennent pas les sols forestiers les meilleurs, et, en tout cas la proportion est trop faible pour qu'on puisse espérer autre chose qu'une atténuation des difficultés qui s'annoncent pour la nation... Il nous faudra acquérir dans les régions des Appalaches et des Montagnes Blanches toutes les forêts qu'il est possible d'acquérir pour l'usage de la nation. Ces sols, parce qu'ils constituent un actif national, sont aussi réellement nationaux que les rivières qu'ils alimentent et qui traversent tant d'États avant d'atteindre l'Océan.

Theodore Roosevelt, président des États-Unis de 1901 à 1909, *Septième message annuel au Congrès*, 3 décembre 1907.

Document 2 Exploiter les ressources naturelles sans les protéger

« Ne fracturez pas notre futur ». Manifestation dans l'Idaho (États-Unis) contre l'extraction du gaz de schiste par fracturation, 22 février 2016.

Exemple d'étude critique de documents (2) : corrigé

Fiche 6

Le sujet est à replacer dans la **cinquième partie du programme**. Celle-ci peut systématiquement « tomber » le jour du baccalauréat puisqu'il s'agit d'un **thème permanent** à étudier obligatoirement tous les ans.

Introduction

[Problématique] Quelle est l'attitude des États-Unis face à la question environnementale ?

I Une prise de conscience précoce de la question environnementale

[document 1 et connaissances personnelles]

- Les États-Unis sont **pionniers dans la protection des espaces naturels**. Le premier parc national au monde est créé à Yellowstone en 1872.
- En 1905, le président **Theodore Roosevelt** est à l'origine de la création du *Department of Agriculture's Forest Service* à qui il attribue la mission de **préserver et développer les ressources forestières** pour « les transmettre aux générations futures ».
- Lors du *New Deal*, le président **Franklin Delano Roosevelt crée le CCC** *(Civilian Conservation Corps)* dans le but de **lutter contre l'érosion et la dégradation des sols**. Entre 1933 et 1942, cette administration civile de protection de l'environnement embauche plus de 250 000 chômeurs et parvient à enrayer le *Dust Bowl* et à reboiser des dizaines de milliers d'hectares.

II La multiplicité des intervenants à des échelles différentes

[documents 1 et 2 et connaissances personnelles]

- **Les associations et les groupes de pression** jouent un rôle majeur dans la définition des politiques environnementales. La *National Geographic Society* ou le *Natural Resources Defense Council* effectuent ainsi un lobbying intense à Washington en faveur d'une politique de protection de l'environnement.

Vu !

■ Les organisations scientifiques jouent aussi un rôle important : dès 1979, le comité Charney de l'Académie nationale des sciences alerte le président Jimmy Carter sur la possibilité d'un réchauffement climatique à brève échéance.

■ Si le gouvernement fédéral est à l'origine de plusieurs initiatives, les principales actions sont décidées au niveau des États et des villes, entraînant de grandes disparités territoriales entre les régions « vertes » et les autres. La Californie est depuis toujours en pointe en matière de protection de l'environnement.

III Les États-Unis et l'environnement à l'échelle internationale

[document 2 et connaissances personnelles]

■ Les États-Unis éprouvent depuis toujours de la méfiance envers les grands engagements internationaux contraignants de peur de perdre une part de leur souveraineté. La lutte contre le réchauffement climatique a pourtant été présentée par l'administration Obama comme une priorité. Le président signe l'Accord de Paris sur le climat de 2015 malgré les réticences d'une partie de son opinion publique.

■ Dès son arrivée à la Maison blanche, Donald Trump nomme successivement plusieurs personnalités climato-sceptiques bien connues pour leurs liens avec les lobbies de l'énergie à la tête de l'*Environmental Protection Agency* (EPA), équivalent américain du ministère de l'Environnement. Dès 2017, le président américain annonce qu'il sortira de l'Accord de Paris sur le climat dès qu'il le pourra.

■ L'administration Trump mène, depuis 2017, une politique de retour à la valorisation des énergies fossiles. L'exploitation du charbon est encouragée ainsi que la reprise des forages pétroliers en mer. L'EPA réduit les espaces naturels protégés contre l'exploitation des gaz de schiste afin de favoriser leur extraction. En janvier 2020, Donald Trump proclame que l'indépendance énergétique américaine est retrouvée et que les États-Unis sont devenus le premier pays producteur de gaz au monde.

Conclusion

Les États-Unis n'ont pas une, mais des politiques environnementales, pas toujours cohérentes.

Océan et espace : les nouveaux enjeux

Fiche 7

Au-delà des territoires terrestres, les États affirment aussi aujourd'hui leur puissance par l'appropriation des espaces maritimes et exo-atmosphériques. La prise de conscience des enjeux économiques et stratégiques de la « planète mer » est ancienne. Celle de l'espace est plus récente.

1 Géopolitique de la « planète mer »

A. De nouvelles frontières

■ **La mer, sixième continent.** En prenant les espaces maritimes comme nouvelles frontières, le monde s'organise en six îles principales (Amérique du Nord, Amérique du Sud, Afrique, Eurasie, Australie, Antarctique) au milieu de quatre océans (Atlantique, Pacifique, Indien, Arctique).

■ **De nouvelles ressources.** La plupart des experts estiment que l'avenir du monde se joue en partie en mer, particulièrement en ce qui concerne l'exploitation des hydrocarbures *offshore* et, dans un avenir proche, celle des nodules polymétalliques dans les grands fonds.

Mot-clé

Nodules polymétalliques : concrétions rocheuses (5 à 10 centimètres de diamètre) accumulées dans certains fonds océaniques et constituées d'hydroxydes de fer et de manganèse.

B. Droit international des mers et patrimoine commun

■ Près de trente ans après la convention de Montego Bay (CNUDM) définissant les zones économiques exclusives (ZEE) à 200 milles nautiques, il n'est pas certain qu'un nouveau droit international puisse aboutir prochainement.

■ L'idée d'un patrimoine commun de l'humanité pour les espaces maritimes au-delà des ZEE et le projet d'une Haute Autorité mondiale des fonds marins risquent de se heurter au renforcement de tensions internationales contradictoires : d'une part les « faveurs » accordées aux pays en développement, d'autre

Mots-clés

CNUDM (Convention des Nations unies sur le droit de la mer) : entrée en vigueur en 1994, elle entérine l'existence des ZEE et crée un Tribunal international du droit de la mer. Elle n'a pas été ratifiée par les États-Unis.

ZEE : zone économique exclusive. Espace marin propriété d'un État qui peut disposer seul de ses ressources dans un rayon de 370 km (200 milles nautiques) autour des côtes.

part, les limitations imposées au pays industrialisés, seuls capables de conduire l'exploitation des ressources océaniques.

2 Les horizons de l'espace exo-atmosphérique

A. La course à l'espace

■ Elle est **indissociable de la guerre froide** qui a obligé les blocs de l'Est et de l'Ouest à investir de nouveaux horizons porteurs de puissance : l'« équilibre de la terreur » empêchait en effet l'affrontement classique sous forme de conflit armé ouvert.

■ Aujourd'hui, seuls **les États-Unis, la Russie, l'Union européenne, le Japon, la Chine et l'Inde** ont la capacité de produire et de lancer des fusées. Mais déjà une cinquantaine de pays possèdent au moins un satellite placé en orbite.

B. Les politiques spatiales

■ Elles s'incarnent, pour le grand public, dans le développement des **systèmes de navigation par satellite** : GPS américain, Galileo européen, Glonass russe, Beidou chinois.

■ Les initiatives spatiales des uns stimulent celles des autres. Aujourd'hui, la **conquête de Mars et la poursuite de celle de la Lune** s'inscrivent dans des logiques de concurrences et de rivalités internationales. L'homme retournera sur la Lune sans doute avant 2035, à partir des États-Unis, de la Russie, de l'Europe ou de la Chine, dans la perspective de développer des bases lunaires vers 2050.

Mot-clé

GPS (*Global Positioning System*) : c « système de positionnement mon dial » a été mis au point par l'armé des États-Unis. Il permet de connaîtr sa position avec une très grand précision (entre 5 et 15 mètres) sur l surface du globe.

À RETENIR

La mer, sixième continent

→ Elle possède de nombreuses **ressources**.

→ Elle est à l'origine de multiples **tensions** que le **droit maritime international** essaie de réguler.

La course à l'espace

→ Elle est née des enjeux de la **guerre froide**.

→ Elle s'incarne aujourd'hui dans la maîtrise de l'espace exo-atmosphérique (**satellites**) et demain dans la **colonisation de la Lune et de Mars**.

La course à l'espace depuis les années 1950

Fiche 8

La Seconde Guerre mondiale ayant montré l'importance des technologies de pointe, la **guerre froide** entraîne alors **une concurrence acharnée entre les États-Unis et l'URSS** qui favorise les progrès techniques. La fin de cette rivalité transforme la course à l'espace en **enjeu économique** lié au *soft power*.

1 Des enjeux longtemps liés à la guerre froide

A. Le choc « *Spoutnik* » et ses conséquences

■ Dès 1955, Américains et Soviétiques préparent le lancement d'un satellite artificiel prévu pour 1957. Tandis que le programme américain accumule les échecs, l'URSS de Khrouchtchev parvient à placer sur orbite son satellite (*Spoutnik 1*) le 4 octobre 1957, créant stupéfaction et inquiétude aux États-Unis.

> **Mot-clé**
>
> ***Soft power*** **(« puissance douce »)** : capacité à influencer sans avoir recours à des moyens contraignants.

■ Dès 1958, le président américain Eisenhower décide de fonder la ***National Aeronautics and Space Administration*** **(NASA)** chargée de coordonner la recherche spatiale au niveau fédéral dans le but de rattraper le retard supposé des États-Unis sur l'URSS. Immédiatement est lancé le programme *Mercury* qui a pour but d'envoyer le premier homme (un Américain) dans l'espace.

B. Le choc « Yuri Gagarine » et ses conséquences

■ Le 12 avril 1961, les Soviétiques réussissent un premier vol habité de 108 minutes. L'exploit du cosmonaute **Yuri Gagarine** a un retentissement mondial et semble positionner définitivement l'URSS comme la première puissance technologique du moment.

■ Le président Kennedy annonce alors qu'avant la fin de la décennie, son pays « enverra un homme sur la Lune ». C'est le début du **programme *Apollo*** qui devient dès lors une priorité américaine. Le 21 juillet 1969, *Apollo XI* alunit et Neil Armstrong devient le premier homme à fouler le sol lunaire.

■ C'est un tournant psychologique majeur. Désormais, **les États-Unis ont acquis un ascendant psychologique sur les Soviétiques**. Ils sont perçus par la communauté internationale comme les vainqueurs de la course à l'espace.

Vu !

2 Les enjeux contemporains

A. Une nouvelle course à l'espace

■ **Les coûts financiers exorbitants** et le peu de retombées économiques concrètes des programmes spatiaux modifient la donne dès les années 1970. Les programmes *Apollo* 18 à 20 sont annulés et l'URSS s'engage dans l'expérimentation de vols habités (*Soyouz*). La coopération internationale, moins coûteuse, est privilégiée.

■ Chacune des deux grandes puissances expérimente un programme de vaisseau spatial (*Skylab* pour les États-Unis ; *Saliout*, puis *Mir* pour l'URSS) et parvient à y maintenir un équipage pendant plusieurs mois. Parallèlement, elles développent des **navettes spatiales** pour réduire les coûts de lancement des satellites, mais seuls les États-Unis mènent leur programme jusqu'au bout.

B. La « commercialisation » de l'espace

■ L'Union européenne s'affirme, depuis 1979, comme l'un des acteurs majeurs de l'économie spatiale. Depuis Kourou (en Guyane), la **fusée Ariane**, à la technologie principalement française, envoie dans l'espace près de la moitié des satellites géostationnaires mondiaux, pour des États comme pour des organisations privées (Intelsat). La Chine a envoyé son premier satellite (*Dong Fang Hong*) dans l'espace en 1970, puis un vaisseau spatial habité (*Shenzhou*) en 2003, ainsi qu'une station spatiale (*Tiangong*) en 2011.

■ Si le tourisme spatial n'est pour le moment qu'anecdotique, **de puissants acteurs privés** multiplient les initiatives ambitieuses : projet *Starlink* et société *Space X* d'Elon Musk, *Blue Origin* de Jeff Bezos.

À RETENIR

L'importance de la guerre froide

→ **L'avance soviétique** au début (*Spoutnik*, Yuri Gagarine).

→ **La victoire psychologique américaine** au final (*Apollo*, Neil Armstrong).

L'espace « commercialisé »

→ Les **vols habités** et les lancements toujours plus nombreux de **satellites**.

→ **Le rôle majeur de l'Union européenne** (Ariane) aux côtés des États-Unis et de la Chine.

→ **Des acteurs privés** de plus en plus puissants.

Dissuasion nucléaire et forces de projection maritime

Fiche 9

Si l'arme nucléaire a dominé les relations internationales pendant toute la seconde moitié du XXe siècle, elle n'a pas pour autant disparu du paysage stratégique contemporain. Elle s'ajoute à la capacité d'intervention aux quatre coins du globe que seuls possèdent les États disposant de forces de projection maritime.

1 La logique de la dissuasion nucléaire durant la guerre froide

A. Une nouvelle pensée stratégique

■ Deux modalités s'imposent dans l'un et l'autre camp : la quête permanente d'innovations technologiques pour dominer qualitativement l'adversaire ; la surenchère quantitative pour impressionner l'ennemi désigné ou potentiel.

■ Acteur nucléaire à part entière au début des années 1960, seule la France fait un choix stratégique différent : celui de la dissuasion atomique « du faible au fort » (même avec des moyens plus faibles, la possession de l'arme atomique suffit pour être dissuasif). Ce choix lui évite la course aux armements tout en préservant sa crédibilité opérationnelle.

B. La course aux armements

■ Elle se développe sur terre (missiles balistiques intercontinentaux sol-sol à partir de silos enterrés), sur mer (missiles balistiques intercontinentaux mer-sol à partir de sous-marins nucléaires lanceurs d'engins ou SNLE) et dans les airs (bombes aéroportées). Jusqu'en 1984, aucun pays engagé dans cette démarche n'avait pris l'avantage.

■ En 1983, le président américain Reagan lance l'initiative de défense stratégique (IDS), un vaste projet de bouclier anti-missile. Incapable de relever ce défi technologique, l'URSS refuse de soutenir cette nouvelle course aux armements et entame un mouvement de désarmement nucléaire qui rend, de fait, l'IDS inutile.

■ La puissance des États-Unis en sort renforcée, et le dynamisme de leur recherche scientifique, militaire et civile au détriment de la seule force nucléaire est valorisé.

Vu !

2 La puissance par les mers

A. La logique insulaire américaine

■ En 1942-1943, le géopoliticien américain Nicholas Spykman (1893-1943) affirme que **la sécurité américaine dépend de sa puissance maritime** lui permettant de contrôler le Rimland, anneau périphérique du Heartland.

Mots-clés

Rimland : zone tampon autour Heartland. Dans la théorie de Spykma celui qui la contrôle, grâce à sa pu sance maritime, contrôle le monde.

Heartland : zone pivot corresponda à la majeure partie du territoire l'ex-URSS dont le contrôle donne contrôle du monde dans la théorie géographe britannique Mackinder (v carte p. 30).

■ Les théories de Spykman arrivent au moment où le rôle mondial joué par les États-Unis dans la Seconde Guerre mondiale fait sortir le pays de son isolement. Le pays se perçoit alors comme une île-continent, face à un territoire soviétique inscrit dans l'immensité du Heartland. **L'accentuation de la puissance maritime américaine** apparaît comme le seul moyen de l'emporter.

B. Les États-Unis, seul pays à projection maritime mondiale

■ Ouvert sur les deux plus grands océans du monde, le pays s'inscrit de plus en plus dans **une géostratégie maritime à l'échelle planétaire**. Ses armées utilisent un réseau de 112 bases principales extérieures couvrant l'ensemble du globe où plus de 250 000 soldats sont déployés.

■ **Les États-Unis possèdent des outils de projection de puissance** dont leurs rivaux restent dépourvus. Ils disposent de dix porte-avions à propulsion nucléaire qui servent de bases mobiles pour déployer des forces sur l'ensemble du globe. En 2020, la Chine n'a que deux porte-avions à propulsion diesel classique et aucune véritable base militaire extérieure dans le monde.

À RETENIR

La logique de la dissuasion nucléaire

→ **La course aux armements** (qualitative et quantitative).

→ **L'équilibre de la terreur** rompu par l'IDS lancée par les États-Unis en 1983.

La puissance par les mers

→ **La logique insulaire américaine** développée durant la guerre froide.

→ Les États-Unis, **seul pays à projection maritime mondiale**, loin devant la Chine.

La station spatiale internationale

Fiche 10

Décidé au départ par les États-Unis, ce projet de station se déplaçant en orbite basse dans l'exo-atmosphère dans un but d'observation et de recherche scientifique a été progressivement rejoint par **la Russie, onze États européens, le Japon, le Brésil et le Canada**.

1 Un projet américain hérité de la guerre froide

A. Une conséquence du programme *Apollo*

■ Dès le début des années 1960, la NASA envisage de déployer une station permanente dans l'espace. Suite naturelle du programme *Apollo*, elle symboliserait l'**avance technologique prise par les États-Unis**. Mais, aux prises avec la très coûteuse guerre du Vietnam, le budget fédéral s'avère incapable de la financer.

■ Dès 1971, l'URSS concrétise un projet de station spatiale avec le **lancement de *Saliout***. Après des débuts difficiles, les Soviétiques parviennent à faire séjourner de plus en plus longtemps des hommes dans l'espace.

■ Une reprise des tensions avec l'URRS se produit lors des deux mandats du président américain Reagan (1980-1988). Dès 1983, les États-Unis décident de relancer le **projet de station spatiale baptisée *Freedom***.

B. L'internationalisation du projet

■ L'explosion en plein vol de la navette spatiale ***Challenger*** en 1986 conjuguée au gonflement incessant du budget initialement prévu enlise le projet qui n'obtient pas l'accord du Congrès.

■ L'éclatement de l'URSS au début des années 1990 change la donne. Les États-Unis, qui craignent une dispersion du savoir spatial de leur rival déchu, proposent à la Russie de devenir leur partenaire privilégié. En 1998, **un accord signé à Washington** élargit encore le nombre de participants au projet en y intégrant, outre le Canada, le Japon et le Brésil, les principaux pays européens.

2 Un symbole d'une coopération internationale fragile

A. Une réussite technique et scientifique

■ Il faut plus de 40 vols de la navette spatiale américaine *Columbia* pour assembler les 400 tonnes de la station spatiale internationale (SSI) composée de 13 modules hétéroclites provenant

Vu

des programmes spatiaux des différents concepteurs. La station forme une construction disparate de 108 mètres de long sur 74 de large. Environ 400 m³ sont habitables sur les 900 qui sont pressurisés. Dès 2000, il est possible d'y faire vivre un équipage de 3 cosmonautes, puis 6 en 2009.

■ Tous les six mois, 6 cosmonautes se relaient dans la station. Ils sont choisis parmi les pays signataires de l'accord de Washington. Ils doivent en priorité contribuer à la maintenance de la station tout en se consacrant à des tâches scientifiques. Deux Français y ont vécu à ce jour : Philippe Perrin et Thomas Pesquet.

■ Outre l'acquisition d'un savoir-faire dans la maintenance des systèmes extra-atmosphériques, la navette permet de rôder les techniques indispensables aux futurs vaisseaux interplanétaires indépendants de toute aide terrestre. Elle permet aussi une observation privilégiée de la Terre.

B. Une expérience en partie critiquée

■ Le projet initial a été plusieurs fois revu à la baisse tant il entraînait des surcoûts considérables. La construction a en effet coûté plus de 115 milliards de dollars et la maintenance annuelle de la station dépasse 3,2 milliards de dollars.

■ Nombre d'observateurs soulignent que les apports de la station à la recherche scientifique sont inexistants, en grande partie du fait du temps que les résidents consacrent à la maintenance.

Première sortie de Thomas Pesquet hors de la station spatiale internationale, le 13 janvier 2017.

À RETENIR

Un projet américain

→ La suite naturelle du programme *Apollo*.

→ L'internationalisation, une conséquence de l'échec de *Challenger* et de la fin de la guerre froide.

Une coopération internationale fragile

→ Des cosmonautes issus des pays signataires de l'accord de Washington (1998).

→ Un coût de maintenance élevé et des retombées scientifiques relativement modestes.

Rivalités et partage des ressources océaniques

Fiche 11

Les mers et les océans font l'objet d'une législation internationale importante. La convention de Montego Bay signée en 1982 en est l'architecture juridique principale. Elle est en train d'être complétée par une tentative de gestion commune de la biodiversité.

1 L'« eldorado » maritime, un objet de convoitise

A. La « course aux abysses »

- Les espaces maritimes contiennent aujourd'hui quatre cinquièmes des espèces vivantes et deux fois plus de plantes comestibles que les espaces terrestres. Les richesses repérées ou supposées des fonds des mers et des océans, parfois encore inexplorées, sont, grâce aux progrès techniques, de plus en plus accessibles.

- La course vers cet « eldorado » maritime implique de nombreux pays : la Chine et l'Inde, la Russie, le Canada, les États-Unis, le Brésil, l'Argentine, l'Australie, le Japon et la France. La course à la conquête des abysses « témoigne d'une volonté d'accaparer ces fondements de l'avenir » (C. Poirier-Coutansais).

Mot-clé
Abysse : fosse océanique très profonde.

B. Les logiques contraires des États

- Dominer les océans ou leurs ressources constitue un enjeu qui empêche l'élaboration d'un véritable « droit des mers ». Ainsi les États-Unis n'ont-ils toujours pas ratifié la convention de Montego Bay.

- Avec l'envolée des prix du pétrole et des minerais, l'exploitation des gisements *offshore* et des nodules polymétalliques représente un enjeu stratégique certain pour de nombreux pays. Elle implique des risques écologiques considérables, les fonds abyssaux constituant des écosystèmes très fragiles.

- Alors que les capacités de pêche ont considérablement augmenté depuis un demi-siècle, cinq pays se partagent les deux tiers des prises en haute mer (Chine, Japon, Taïwan, Corée du Sud, Espagne), avec des effets dévastateurs sur les ressources halieutiques.

Mot-clé
Ressource halieutique : espèce animale ou végétale aquatique qui peut être pêchée.

Vu !

2 La mise en place progressive d'un droit international maritime

A. La convention de Montego Bay (1982)

■ Adoptée à l'initiative des Nations unies, elle est l'instrument juridique le plus important du XXe siècle pour une utilisation pacifique des mers et océans, fondée sur une coopération internationale de 174 États et un cadre juridique commun.

■ Son champ d'application est très large et concerne l'ensemble de l'espace marin et ses marges. S'y ajoutent un tribunal international du droit de la mer et une autorité internationale.

B. La volonté d'une gestion commune de la biodiversité

■ L'Agenda 2030 du développement durable adopté par l'ONU en 2015 souligne la nécessité de réviser le statut juridique des espaces marins hors souveraineté nationale (BBNJ). Depuis 2018, une conférence intergouvernementale se réunit sous l'égide de l'ONU pour tenter de concrétiser cette « solidarité écologique » des océans. L'idée d'un patrimoine marin à protéger par un arsenal juridique approprié est combattue par les pays arc-boutés sur le principe de la liberté d'action en haute mer (États-Unis, Chine, Japon, etc.).

Mot-clé

BBNJ (*Biological diver[...] beyond national juris[...]tion*) : biodiversité océani[...] en haute-mer. Depuis 2[...] une conférence interg[...]vernementale sous l'é[...] des Nations unies tente [...] organiser la gestion.

■ La conférence est parvenue à organiser trois champs de négociations : une nouvelle gestion des aires marines protégées (APM), la caractérisation « juridique » des activités humaines portant atteinte à la biodiversité marine, l'aide technique à apporter aux pays en développement riverains.

À RETENIR

L'« eldorado » maritime

→ Les espaces maritimes contiennent des ressources métalliques importantes (nodules).

→ Les enjeux liés aux océans empêchent l'élaboration d'un véritable « droit des mers ».

L'évolution du droit maritime international

→ Il est fondé sur la convention de Montego Bay (1982) qui concerne l'ensemble de l'espace marin et ses marges.

→ La gestion commune de la biodiversité maritime (BBNJ) se heurte au principe de la liberté d'action en haute mer.

La Chine à la conquête des nouveaux espaces

Fiche 12

Le **centre de gravité de l'espace maritime planétaire** se situe désormais dans le périmètre chinois des **océans Indien et Pacifique**. En parallèle, la Chine fournit un effort sans précédent pour s'assurer **une place prépondérante dans la maîtrise de l'espace**.

1 Par les mers, une Chine consciente d'être au centre du monde

A. Le retour d'une vision confucéenne

- Première bénéficiaire de la mondialisation actuelle, la Chine s'adapte aux temps présents mais sans rupture avec son passé. Elle renoue avec le néoconfucianisme pour qui « l'art de la guerre, c'est de soumettre l'ennemi sans combat ».
- La Chine a l'ambition d'élargir le périmètre de la civilisation chinoise par son poids démographique, la stratégie d'extension de sa diaspora, l'achat de terres agricoles en Afrique (la « Chinafrique »), ainsi que par une politique d'investissements économiques et financiers en Europe et dans le bassin méditerranéen.

Mot-clé

Néoconfucianisme contemporain : courant de pensée encouragé par le pouvoir chinois actuel qui, sous couvert d'« harmonie », promeut la stabilité politique et sociale du pays par une obéissance volontaire à l'autorité incarnée par l'État. Il s'inspire du néoconfucianisme impérial développé au XIVe siècle.

B. Une mondialisation réticulaire

- Inscrite dans le long terme, sa vision géopolitique relève de la consolidation de ses intérêts vitaux et de leur sécurisation, particulièrement par les mers. La stratégie du « collier de perles » sur ses itinéraires maritimes dans l'océan Indien en est la meilleure illustration.
- La Chine n'a aucune intention d'extension impérialiste au sens occidental du terme. L'expansion de l'univers chinois s'effectue selon une logique réticulaire, fondée sur une culture unique qui doit s'imposer par une présence planétaire et une avance technologique. C'est une équation géopolitique

Mots-clés

Stratégie du « collier de perles » : stratégie chinoise visant à établir une série de bases maritimes permanentes dans l'océan Indien afin de sécuriser son approvisionnement énergétique.

Réticulaire (réticulé) : qui forme un réseau.

Vu !

complexe, impliquant de nombreuses tensions, particulièrement avec les États-Unis.

2 Dans l'espace, une Chine désormais conquérante

A. Une ambition au départ limitée

■ Les premiers essais de développement de missiles balistiques chinois se font en coopération avec l'URSS dans le cadre de la Cinquième Académie, fondée à Pékin en 1956. Ils débouchent sur la construction de la base de lancement spatial de Jiuquan dans le désert de Gobi dès 1958.

■ La détérioration des relations diplomatiques avec l'URSS et les errements de la politique intérieure chinoise retardent de plusieurs années le programme spatial chinois. Le premier satellite artificiel (*Dong Fang Hong*) est mis en orbite le 24 avril 1970. La Chine devient alors la cinquième puissance spatiale au monde.

B. Le tournant des années 2000

■ Publié en 2000, le livre blanc spatial détaille les grands axes de la politique spatiale chinoise. La Chine parvient à mettre en place son propre système de localisation par satellite (Beidou) et envoie son premier homme dans l'espace en 2003 (Yang Liwei). La Chine est aujourd'hui la première puissance spatiale en termes de lancement de satellites (34 en 2019 contre 27 pour les États-Unis).

■ Depuis 2007, la Chine travaille sur un programme lunaire ambitieux. En 2019, la mission *Chang'e 4* réussit à se poser sur la face cachée du satellite naturel de la Terre. À l'horizon 2030, la Chine envisage d'envoyer sur la Lune des robots explorant ses pôles avant d'y bâtir une base habitable vers 2036.

À RETENIR

La Chine et les espaces maritimes

→ Ils doivent servir à la consolidation de ses intérêts vitaux et à leur sécurisation.

→ Cette vision géopolitique est concrétisée par la stratégie du « collier de perles ».

La Chine à la conquête de l'espace

→ La Chine est aujourd'hui la première puissance spatiale en termes de lancement de satellites.

→ La Chine travaille sur un programme lunaire ambitieux (base habitable vers 2036).

Croquis et carte pour la dissertation

S'il n'y a pas de planisphère fourni, il est tout de même possible d'illustrer la plupart des **sujets portant sur les ressources et le partage des espaces maritimes** par un schéma très simple rappelant les différentes formes de la propriété de la mer **selon la convention de Montego Bay**.

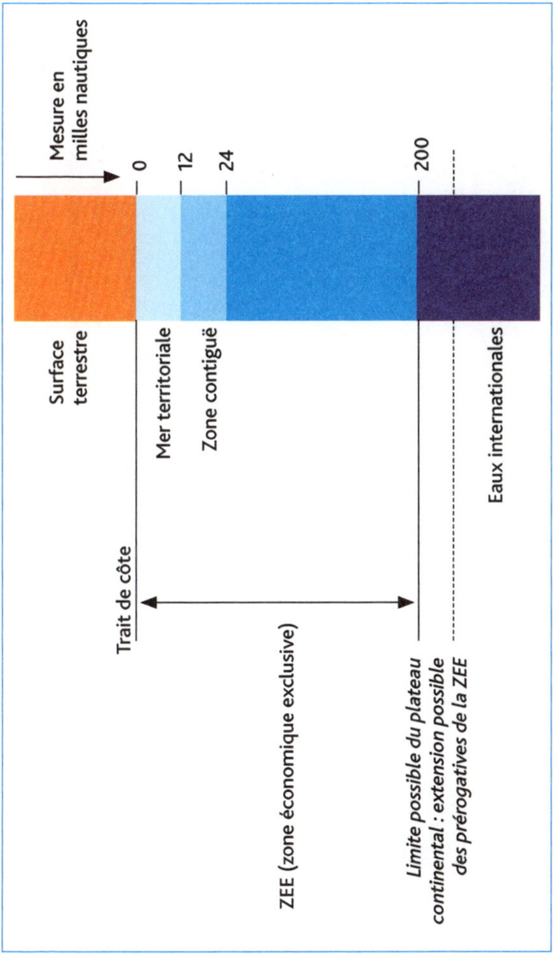

La propriété de la mer selon la convention de Montego Bay.

L'extension de la ZEE à 200 milles marins a donné une importance géostratégique considérable aux îles et îlots (même inhabités), particulièrement ceux appartenant aux puissances occidentales. Ainsi, par son héritage colonial, la France possède une ZEE de 11 millions de km² (2e rang mondial derrière les États-Unis).

Si un planisphère est fourni, il est possible d'illustrer la plupart des **sujets portant sur les enjeux géostratégiques du contrôle des océans** par une carte très facile à dessiner rappelant les bases de la logique insulaire développée par les stratèges américains durant la guerre froide.

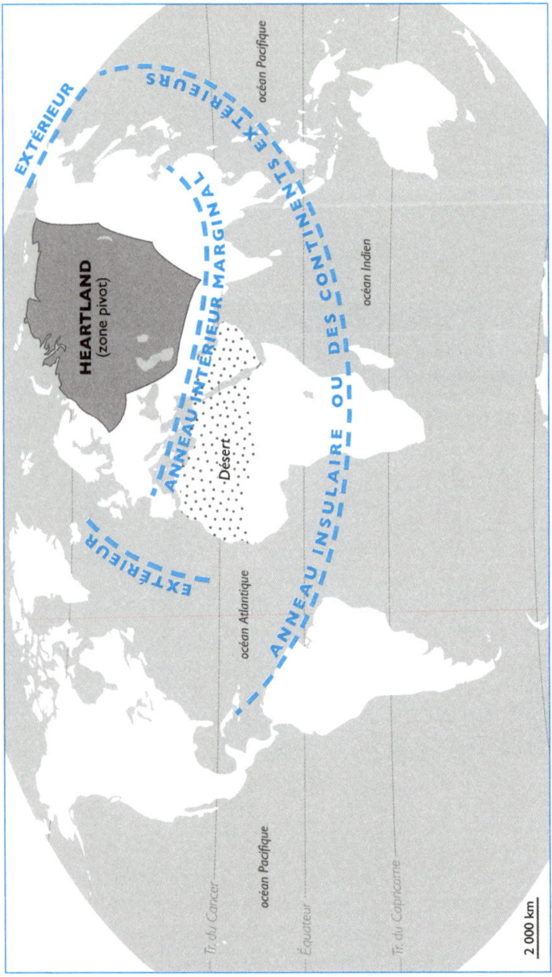

Une conception de la puissance mondiale par les mers : la ceinture d'isolement maritime de Spykman (1942).

Dans cette vision développée par le géopoliticien Nicholas Spykman, les États-Unis, grâce à leur puissance maritime, tiennent « l'anneau insulaire extérieur » (ou Rimland) et neutralisent de fait le Heartland (zone pivot alors tenue par l'URSS et cœur de la puissance mondiale).

De nouveaux espaces de conquête

CARTE 1

Comment le monde s'organise-t-il en îles et en océans, si l'on considère comme nouvelles frontières les espaces maritimes ?

→ Fiche 7

CARTE 2

Quels sont les principaux pays dominant aujourd'hui la course à l'espace ?

→ Fiche 7

CARTE 3

Pourquoi le contexte de la guerre froide a-t-il favorisé la course à l'espace ?

→ Fiche 8

CARTE 4

Quels sont les enjeux contemporains de la course à l'espace ?

→ Fiche 8

CARTE 5

Qu'est-ce que l'« équilibre de la terreur » dans le domaine de la dissuasion nucléaire ?

→ Fiche 9

CARTE 6

Par quel moyen les États-Unis peuvent-ils affirmer leur puissance en tant qu'île-continent ?

→ Fiche 9

Vu !

Réponses

CARTE 1

En considérant les espaces maritimes comme les nouvelles frontières, on peut dire que le monde s'organise en **six îles principales** (Amérique du Nord, Amérique du Sud, Afrique, Eurasie, Australie, Antarctique) **au milieu de quatre océans** (Atlantique, Pacifique, Indien, Arctique).

CARTE 2

Ce sont **les États-Unis, la Russie, l'Union européenne, le Japon, la Chine et l'Inde**. Eux seuls ont la capacité de produire et de lancer des fusées. Mais une cinquantaine de pays possèdent au moins un satellite placé en orbite.

CARTE 3

La Seconde Guerre mondiale ayant montré l'importance des technologies de pointe, **la guerre froide, où tout affrontement direct est interdit**, entraîne **une concurrence acharnée entre les États-Unis et l'URSS**, ce qui favorise les progrès techniques.

CARTE 4

Depuis les années 2000, on assiste à une **« commercialisation » de l'espace** principalement par l'envoi de dizaines de **satellites géostationnaires**, et par l'implication croissante d'**acteurs privés puissants (Space X, Blue Origin…)**. Les vols habités se multiplient.

CARTE 5

L'« équilibre de la terreur » correspond à la quête permanente d'**innovations technologiques** pour dominer qualitativement l'adversaire et à la **surenchère quantitative** pour l'impressionner. Il entraîne **une course aux armements** qui ne prend fin qu'au début des années 1980.

CARTE 6

Après 1945, les États-Unis se perçoivent comme **une île-continent**, face à **un territoire soviétique inscrit dans l'immensité continentale du Heartland**. L'affirmation de leur puissance doit passer par la mer (***« sea power »***), notamment par le contrôle du Rimland.

De nouveaux espaces de conquête

CARTE 1

Pourquoi le projet de station spatiale, au départ américain, s'internationalise-t-il à la fin du XXe siècle ?

↪ Fiche 10

CARTE 2

Quels sont les principaux reproches qui sont parfois faits à la station spatiale internationale ?

↪ Fiche 10

CARTE 3

Pourquoi les espaces maritimes sont-ils tant convoités ?

↪ Fiche 11

CARTE 4

Quelle est la convention qui fonde le droit maritime international actuel ?

↪ Fiche 11

CARTE 5

Qu'est-ce que la stratégie chinoise du « collier de perles » ?

↪ Fiche 12

CARTE 6

Quelles sont les ambitions spatiales chinoises pour les prochaines décennies ?

↪ Fiche 12

Vu !

Réponses

CARTE 1

L'**explosion de la navette spatiale américaine *Challenger*** (1986) et l'**éclatement de l'URSS** au début des années 1990 modifient le projet initial. Les États-Unis proposent à la Russie de devenir leur partenaire privilégié, ce qui aboutit à **un accord signé à Washington** (1998) élargissant la coopération pour mettre au point la station.

CARTE 2

Le **coût exorbitant de sa construction** (115 milliards de dollars) **et de sa maintenance annuelle** (3,2 milliards). Les **modestes apports de la station à la recherche scientifique** sont également critiqués.

CARTE 3

Les espaces maritimes renferment les **quatre cinquièmes des espèces vivantes** et deux fois plus de plantes comestibles que les espaces terrestres, ainsi que **des ressources non renouvelables considérables** (pétrole, gaz, minerais, nodules polymétalliques).

CARTE 4

La **convention de Montego Bay** (1982) est la base actuelle du droit maritime international. Fondée sur une **coopération internationale de 174 États** et un cadre juridique commun, son champ d'application est très large et concerne **l'ensemble de l'espace marin et ses marges**.

CARTE 5

La stratégie chinoise du « collier de perles » vise à consolider **ses intérêts vitaux et à les sécuriser par les mers**. Elle consiste à établir une série de **bases maritimes permanentes dans l'océan Indien** afin de garantir son approvisionnement énergétique.

CARTE 6

La Chine travaille sur un programme lunaire ambitieux depuis 2007. À l'horizon 2030, la Chine envisage d'envoyer sur la Lune **des robots explorant ses pôles** avant d'**y bâtir une base habitable** vers 2036.

Régulation de la paix et conflictualités au XXIe siècle

Fiche 17

Ce n'est qu'au XXe siècle que naît une véritable réflexion pour empêcher le recours à la guerre, particulièrement par le biais d'**organismes internationaux de régulation de la paix**. Depuis 1945, cette régulation a évité un autre embrasement mondial mais n'a pas empêché l'apparition de **nouvelles conflictualités**.

1 Vers de nouvelles formes de guerre

A. L'évolution des conflictualités

- Depuis la fin de la guerre froide, les conflits armés directs entre États sont en recul. Les États les plus riches conduisent **des guerres « technologiques »** pour épargner leurs soldats et atteindre l'objectif chimérique de « zéro mort ».

- Depuis les années 1990, les **conflits intra-étatiques** (conflits ethniques, guerres civiles, violences criminelles) sont les plus nombreux, notamment dans les **pays du Sud** où sont localisés le plus grand nombre d'États défaillants.

Mot-clé

État défaillant (« *failed state* ») : territoire où l'État n'est plus capable d'assurer seul le monopole de la violence légitime et de garantir la sécurité des habitants (concurrence des seigneurs de la guerre ou de gangs criminels).

B. Terrorisme et guerre déterritorialisée

- On assiste au XXIe siècle à la **mondialisation** et à la radicalisation du terrorisme. Les attentats (New York en 2001, Paris en 2015 ou Nice en 2016) sont l'œuvre de réseaux structurés (comme Al-Qaïda), engagés dans des conflits irréguliers. Ces réseaux mènent une guerre déterritorialisée et asymétrique, contraignant les gouvernements à mobiliser contre eux des forces militaires sans cesse croissantes.

Mots-clés

Guerre irrégulière : tout affrontement qui n'est pas régi par les règles de la guerre régulière.

Guerre déterritorialisée : guerre menée à partir de bases dispersées dans le monde entier et non plus dans une région précise.

Guerre asymétrique : affrontement marqué par le déséquilibre des moyens engagés (matériels, financiers et humains) entre les deux belligérants.

- À partir de 2014, **l'État islamique (Daech) reterritorialise** en partie la guerre terroriste en parvenant à s'implanter en Syrie et en Irak.

Vu !

2 Des modes de résolution liés au multilatéralisme

A. Peu d'interventions unilatérales

■ Actuellement, la majorité des conflits sont réglés grâce au multilatéralisme ou par des actions menées dans le cadre de coalitions internationales.

■ Une intervention unilatérale s'avère très risquée pour l'État qui la décide. Avec la guerre en Irak en 2003, les États-Unis ont pris conscience de la difficulté à mener seuls le combat face à des acteurs nouveaux souvent mal identifiés.

Mot-clé

Multilatéralisme : mode de fo[nc]tionnement de la politique ex[té]rieure d'un État qui tient comp[te] des positions de tous les acte[urs] concernés, dans le cadre ou n[on] d'une organisation internationale

B. Le rôle majeur de l'ONU

■ Depuis la fin de la guerre froide, l'Organisation des Nations unies (ONU) joue un rôle capital dans la résolution des conflits, à travers trois types d'actions : le rétablissement de la paix par des moyens diplomatiques ; le maintien de la paix avec une force d'interposition ; l'imposition de la paix en cas d'échec du maintien de la paix. Dans ce dernier cas, les Casques bleus ont le droit de faire usage de leurs armes pour leur propre défense et celle des populations civiles.

■ Le développement d'une justice internationale complète cette volonté de règlement multilatéral. Lors des conflits en ex-Yougoslavie et au Rwanda, les crimes de masse commis contre des populations civiles ont conduit l'ONU à créer deux tribunaux pénaux internationaux (TPI).

À RETENIR

De nouvelles formes de guerres

→ Les **guerres « technologiques »** conduites par les États les plus riches.

→ **Le terrorisme**, lié au développement des **guerres asymétriques**.

La paix par le multilatéralisme

→ **Le rôle de l'ONU** dans la résolution des conflits.

→ Le développement d'**une justice internationale**.

De la guerre de Sept Ans aux guerres napoléoniennes

Fiche **18**

Dans l'Europe du XVIIIe siècle, la puissance se définit comme la **capacité d'un État d'imposer sa volonté aux autres**. Cette capacité peut s'exprimer **par la diplomatie** ou **par la guerre** qui, selon le stratège Clausewitz, n'est que « la continuation de la politique par d'autres moyens ».

1 La Guerre de Sept Ans (1756-1763)

A. Une guerre terrestre et navale

■ L'accord surprise de la Prusse avec son ancien ennemi l'Angleterre entraîne un spectaculaire **retournement d'alliances** en Europe. Pour éviter d'être isolée, la France, ancienne alliée de la Prusse, se rapproche de son ennemi d'hier, l'Autriche.

■ Sur le continent, la France et l'Autriche coalisées n'arrivent pas à vaincre la Prusse. Pour la défense du Canada, les Français, engagés dans les guerres continentales, ne disposent que d'effectifs très insuffisants. Les Anglais s'emparent de Montréal et de Québec, entraînant la **fin de la domination française au Canada**.

B. Une accélération des modifications géopolitiques

■ Le **traité de Paris** (10 février 1763) clôt provisoirement la confrontation entre l'Angleterre et la France au détriment de la seconde qui perd la quasi-totalité de son empire colonial. **Les Britanniques**, désormais première puissance coloniale mondiale, renforcent leur suprématie maritime et s'affirment déjà comme une thalassocratie.

> **Mot-clé**
>
> **Thalassocratie :** puissance politique basée sur la domination des espaces maritimes. Au Ve siècle av. J.-C., Athènes peut être considérée comme la première thalassocratie de l'histoire.

■ Le traité de Hubertsbourg (15 février 1763) met fin à la guerre sur le continent. Il confirme la possession de la Silésie par **la Prusse** qui devient désormais **une grande puissance européenne**, affaiblissant la suprématie de l'Autriche sur l'espace germanique.

2 Les guerres révolutionnaires et napoléoniennes

A. Une continuation de la Révolution française ?

■ Les événements de 1789 ont été **favorablement accueillis en Europe.** Dès 1790, l'Assemblée constituante proclame par décret

Vu !

sa volonté de paix : « La nation française renonce à entreprendre aucune guerre dans le but de faire des conquêtes ».

- À partir de 1793, les armées françaises qui ont « libéré » du joug monarchique l'Italie, l'Autriche, la Prusse ou les Pays-Bas se transforment progressivement en **armées d'occupation**. Les contributions forcées en hommes et en ressources provoquent l'hostilité des populations. Jusqu'en 1807, les victoires françaises sont pourtant sans appel. En 1808, la France de Napoléon compte 130 départements. Elle est le cœur du Grand Empire qui atteint son extension maximale en 1811.

- En 1812, Napoléon lance **une offensive contre la Russie qui se termine par un désastre** (passage de la Bérézina). Les puissances étrangères forment une nouvelle coalition et envahissent la France en janvier 1814. Napoléon est contraint de s'exiler.

B. La guerre « clausewitzienne », régulatrice géopolitique

- Les guerres napoléoniennes montrent qu'un État, par **une supériorité ponctuelle** (hommes, ressources, génie militaire), peut mener une politique de conquête qui déstabilise la donne géopolitique.

- Napoléon est dépouillé de ses victoires par une coalition des monarchies et des Empires lors du **congrès de Vienne de 1815**. Désormais, toute modification du territoire européen doit être acceptée par ces puissances et faire l'objet d'une contrepartie.

Mot-clé

Clausewitzien(ne) : qui rapporte à la théorie de guerre selon le stratège militaire prussien Clausev (1780-1831). Celui-ci af mait, en substance, que guerre n'est qu'un prol gement de la politique d'autres moyens.

À RETENIR

La guerre de Sept Ans	→ Elle permet à **la Prusse** de devenir une **grande puissance européenne.** → Elle fait de **la Grande-Bretagne** une **thalassocratie** hégémonique.
Les guerres révolutionnaires et napoléoniennes	→ Elles sont au départ des **guerres « nouvelles » idéologiques**. → Elles deviennent progressivement des **guerres de conquête**, selon le modèle classique de Clausewitz.

Du modèle de Clausewitz aux « guerres irrégulières »

Fiche 19

Avec la fin de la guerre froide, **les « guerres clausewitziennes » diminuent** fortement. Au contraire, **les conflits intra-étatiques** sont de plus en plus nombreux, tandis que **le terrorisme se mondialise** et apparaît désormais comme **une nouvelle forme de guerre**.

1 Les évolutions du modèle de Clausewitz

A. Une nouvelle ère des relations internationales

- Depuis les années 1960, les opinions publiques occidentales expriment massivement leur **refus de la guerre**. L'Union européenne a ainsi fait de la promotion de la paix l'un des piliers de son identité internationale.
- Avec la fin de la guerre froide, **le monde devient multipolaire**, divisé entre des États capables de gérer leur territoire et d'autres incapables de s'affirmer autrement que par la violence. Ces derniers déclenchent des conflits pour asseoir leur légitimité (États « voyous ») ou sont impuissants à résoudre les luttes internes qui les traversent (États « défaillants »).

Mot-clé

État « voyou » (*« rogue state »* en anglais) : expression forgée dans les années 1980 désignant les pays considérés comme hostiles au droit international, à la démocratie et perturbateurs de l'ordre mondial.

B. Les mutations des conflits armés directs « réguliers »

- Dans les années 1980 apparaît l'idée du droit d'ingérence, justifiant une intervention militaire dans **un but humanitaire**.
- En 2003, les États-Unis accusent l'Irak de posséder des armes de destruction massive et décident de mener **une guerre préventive**.

Mot-clé

Droit (ou devoir) d'ingérence : notion selon laquelle l'obligation pour la communauté internationale de secourir une population en danger de mort l'emporte sur la souveraineté de l'État dont dépend cette population.

2 Le développement des guerres irrégulières

A. La multiplication des guerres civiles

- Les conflits internes se déroulent principalement en Afrique subsaharienne, au Proche et au Moyen-Orient et en Asie du Sud. Si la **guerre civile** est le type de conflit le plus répandu, ses formes sont très diverses et souvent emboîtées.

Vu !

■ Ce ne sont plus des armées régulières qui s'affrontent, mais des bandes armées menées par des « seigneurs de guerre ». Elles créent des situations de non-droit (destructions, détournement de l'aide alimentaire) et un climat de terreur (massacres, épurations ethniques, voire génocides).

B. Le terrorisme international

■ Les attentats du 11 septembre 2001 à New York et au Pentagone constituent un tournant par le grand nombre de morts, l'importance des dégâts matériels, leur médiatisation et leur impact sur l'opinion publique. Cet affrontement asymétrique contraint les gouvernements à mobiliser contre ce nouveau terrorisme des forces militaires considérables.

■ Al-Qaïda compte peu de membres, utilise peu de moyens matériels mais possède une importante maîtrise de la logistique et de la communication. Ce réseau pratique une guerre déterritorialisée à partir de bases dispersées sur plusieurs continents.

■ Principal concurrent d'Al-Qaïda dont il est issu, Daech (organisation État islamique), auteur des attentats commis en France en 2015 et 2016, a essayé de reterritorialiser son action. En 2014, il fonde un « califat » réel en Irak et en Syrie. Ce « califat » est démantelé en 2019 à la suite de l'offensive d'une coalition militaire internationale.

Mots-clés

Al-Qaïda (« la base » en arabe) réseau islamiste terroriste, dirig[é] par Oussama Ben Laden au mome[nt] des attentats du 11 septembre 200[1].

Islamisme : mouvement radical q[ui] voit dans l'islam une idéologie po[li]tique ayant pour but l'islamisati[on] de l'État et de la société.

À RETENIR

Les évolutions du modèle de Clausewitz

→ Le **refus massif de la guerre** par les **opinions publiques occidentales** à partir des années 1960.

→ Les guerres « **humanitaires** » ou « **préventives** ».

Les guerres irrégulières

→ **Les conflits internes** dont les populations civiles sont les principales victimes.

→ Le terrorisme qui **déterritorialise la guerre**.

La paix par les traités : Westphalie (1648)

Fiche 20

Les **deux traités de paix de Westphalie** mettent fin à la guerre de Trente Ans qui a opposé la plupart des puissances européennes de l'époque. Ils visent à **interrompre durablement le cycle des conflits religieux** qui déchirent le continent depuis près de deux siècles.

1 La notion d'« État souverain »

A. Des frontières précises et inviolables

■ Entamé depuis les années 1530, le cycle des guerres de religion européennes se termine par les traités de Westphalie (1648) qui associent l'**identité religieuse** de chaque État à celle de son prince.

■ Désormais, le souverain d'un État est lié à un territoire et à une population dont il assure la sécurité et garantit les droits. En effet, les États signataires des traités de Westphalie se **reconnaissent mutuellement** des frontières précises et inviolables qui délimitent le champ de la souveraineté.

B. Garantir la sécurité

■ Par l'expression **« monopole de la violence légitime »**, le sociologue allemand Max Weber souligne que l'État, tel qu'il est défini dans le système westphalien, exerce sa souveraineté sur la population à l'intérieur des frontières, et lui garantit la sécurité par tous les moyens à sa disposition.

■ L'État doit aussi affirmer ses frontières vis-à-vis de l'extérieur et des autres pays. À partir du XVIIe siècle, les relations entre États ont donc pour finalité principale **la défense du territoire** ou bien son extension par la modification du tracé frontalier. Ces relations peuvent prendre la forme d'alliances diplomatiques ou bien peuvent, en cas de différend, se transformer en guerre.

> **Mot-clé**
>
> **Système westphalien :** organisation géopolitique de l'Europe à la fin de l'époque moderne. Fondée sur le principe d'« équilibre des puissances », elle vise, sans succès, à éviter la guerre en empêchant la formation d'États plus puissants que les autres.

2 La guerre comme « état habituel de l'Europe »

A. Une pacification illusoire

■ Conçu pour apaiser l'Europe, le « Grand Dessein » du duc de Sully (principal ministre d'Henri IV de 1598 à 1610) proposait un

Vu !

nouveau découpage de l'Europe. Son but principal était d'**établir la paix** en empêchant le maintien de vastes empires comme celui d'Allemagne.

■ Si les traités de Westphalie ne reprennent pas du « Grand Dessein » l'idée d'une confédération européenne, ils en conservent celle d'**un « équilibre des puissances »** pour éviter la guerre : aucun pays ne doit être assez puissant pour s'imposer aux autres.

B. « L'ombre de la guerre »

■ Malgré les espoirs des promoteurs des traités de Westphalie, la stabilisation des frontières étatiques en Europe ne parvient pas à pacifier les relations internationales européennes. Les États westphaliens, transformés progressivement en États-nations, sont guidés par **un appétit de puissance territoriale** ainsi que le définit Hobbes dans *Léviathan* en 1651 : « Les personnes qui possèdent l'autorité souveraine, à cause de leur indépendance, se jalousent de façon permanente, ce qui est une attitude de guerre ».

> **Mot-clé**
>
> **État-nation** : État correspondа à une nation souveraine et hom gène. Le terme « nation » désig une population de même langue, même histoire et de même cult ayant le désir et la volonté de vi dans le même pays.

■ Les frontières deviennent l'**enjeu majeur des conflits** et les nouveaux tracés sont déterminés par les traités de paix, l'élargissement du territoire devenant le symbole de l'affirmation de sa puissance. Dès 1661, Louis XIV entreprend de faire du territoire français le plus grand d'Europe dans une succession ininterrompue de guerres et de traités.

À RETENIR

L'Europe du système westphalien

→ Des **frontières précises et inviolables** délimitent le champ de la souveraineté de chaque État.

→ L'**« équilibre des puissances »** vise à éviter la guerre en empêchant la formation d'États plus puissants que les autres.

L'Europe en guerre perpétuelle

→ La stabilisation des frontières **n'a pas pacifié les relations internationales** européennes.

→ **Les frontières deviennent l'enjeu majeur de conflits** sans cesse renouvelés.

La sécurité collective : l'ONU de 1997 à 2006

Fiche 21

À partir des années 1990, **l'ONU voit son rôle renforcé** à travers sa diplomatie, le déploiement de ses Casques bleus et la mise en place d'une justice internationale. Pour les actions de maintien de la paix, elle reste cependant **dépendante des États détenteurs de la force armée**.

1 L'ONU à la fin du XXe siècle

A. Une institution entravée par la guerre froide

■ La Charte des Nations unies (1945) précise les objectifs de l'ONU : le **maintien de la paix** et de la sécurité internationale, le développement entre les nations des relations amicales fondées sur le respect de l'égalité des peuples et de leur droit à disposer d'eux-mêmes.

■ Grâce à leur droit de veto, l'URSS et les États-Unis **paralysent le Conseil de sécurité**. Même lorsque les deux grands semblent en accord, l'ONU est incapable de faire appliquer ses décisions et de faire respecter ses principes à l'intérieur d'États souverains.

Mot-clé

Droit de veto : droit de bloquer une décision commune.

B. Le réveil ambigu des années 1990

■ Boutros Boutros-Ghali, secrétaire général de 1992 à 1996, veut donner un nouveau souffle aux actions de l'ONU ainsi qu'il l'explique dans son **Agenda pour la paix** de janvier 1992 : accélération de la diplomatie préventive et mise en place de forces internationales mobilisables à tout instant, réorganisation des actions en direction des pays du Sud.

■ Les opérations lancées au début des années 1990 sont **des échecs**. Celles effectuées en Somalie (1992-1995) conduisent à un enlisement du conflit. La Minuar (Mission pour le Rwanda) ne parvient pas à enrayer le génocide des Tutsi au Rwanda. Les accords de Dayton (1995) actent le retrait onusien en ex-Yougoslavie, en faveur de l'OTAN.

2 L'ONU du début des années 2000

A. Les nouvelles orientations

■ Plusieurs fois menacée de faillite à cause de la mauvaise volonté américaine d'acquitter sa contribution et du retard de paiement

Vu !

d'un grand nombre d'États du Sud, l'ONU engage une vaste restructuration. L'organisation apparaît dès lors **moins bureaucratique** et plus soucieuse d'économiser l'argent de ses principaux contributeurs (États-Unis, Japon, Allemagne, France, Italie).

■ **Kofi Annan**, nouveau secrétaire général en 1997, essaie de faire sortir l'ONU de son image d'instrument au service de l'ordre mondial occidental en insistant sur son rôle dans la sécurité collective et la « préservation de la dignité de l'homme » par-delà la souveraineté des États.

> **Mot-clé**
> **Sécurité collective :** systè international dans lequel États s'engagent mutuel ment à garantir la sécur mondiale.

B. Des actions au service de la paix

■ En 1999, l'ONU est chargée de l'administration provisoire du Kosovo au lendemain de la guerre menée en ex-Yougoslavie par l'OTAN. En 1999-2000, les Casques bleus de la Minusil parviennent à mettre fin à la guerre civile au Sierra Leone et **un tribunal spécial international** est créé en 2002 pour y juger les crimes de guerre.

> **Mot-clé**
> **Casques bleus :** force arm de maintien de la paix l'ONU.

■ Après les attentats du 11 septembre 2001 à New York et au Pentagone, l'ONU fait de l'**éradication du terrorisme** international une priorité qui se heurte à la politique unilatéraliste des États-Unis.

■ En 2003, Kofi Annan critique ouvertement la décision des États-Unis de déclarer la guerre à l'Irak **sans l'aval du Conseil de sécurité**.

■ Après les attentats de Madrid en 2004, Kofi Annan propose un plan de lutte contre le terrorisme dit des « 5 D » dont certains objectifs sont inclus dans le **grand projet de réforme de l'ONU** présenté en 2005.

À RETENIR

L'ONU longtemps paralysée par la guerre froide

→ L'utilisation systématique du **droit de veto** des États-Unis et de l'URSS.

→ **L'impossibilité de faire appliquer ses décisions** et de faire respecter ses principes à l'intérieur d'États souverains.

Les succès de la sécurité collective au début du XXe siècle

→ Ils sont liés aux mandats de Kofi Annan (1997-2006).

→ Ils s'inscrivent dans le cadre d'un essai de **redéfinition des missions de l'ONU**.

Frise chronologique et carte pour la dissertation

Fiche 24

S'il n'y a pas de planisphère fourni, il est quand même possible d'illustrer la plupart des **sujets portant sur les conflictualités et sur les manières de les résoudre** par une frise chronologique assez simple montrant le grand nombre de guerres interétatiques qu'a connu la France jusqu'à la création de l'ONU, concrétisation de la sécurité collective.

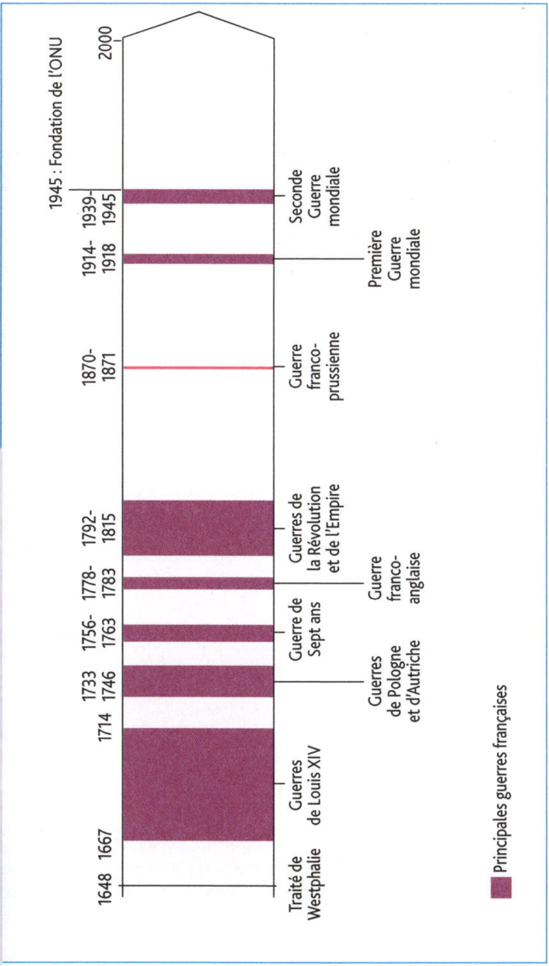

Les principales guerres interétatiques françaises depuis 1648.

Cette frise est une chronologie simplifiée des principales guerres interétatiques françaises depuis le traité de Westphalie. Elle illustre la fameuse phrase de Saint-Simon disant qu'à partir de ce moment (1648) « la guerre est devenue l'état habituel du genre humain » et, dans ce cas précis, de la France (plus de dix guerres majeures en moins de 3 siècles).

Si un planisphère est fourni, il est possible d'illustrer la plupart des **sujets portant sur les nouvelles conflictualités** par une carte relativement facile à dessiner des principales zones de conflits dans le monde aujourd'hui.

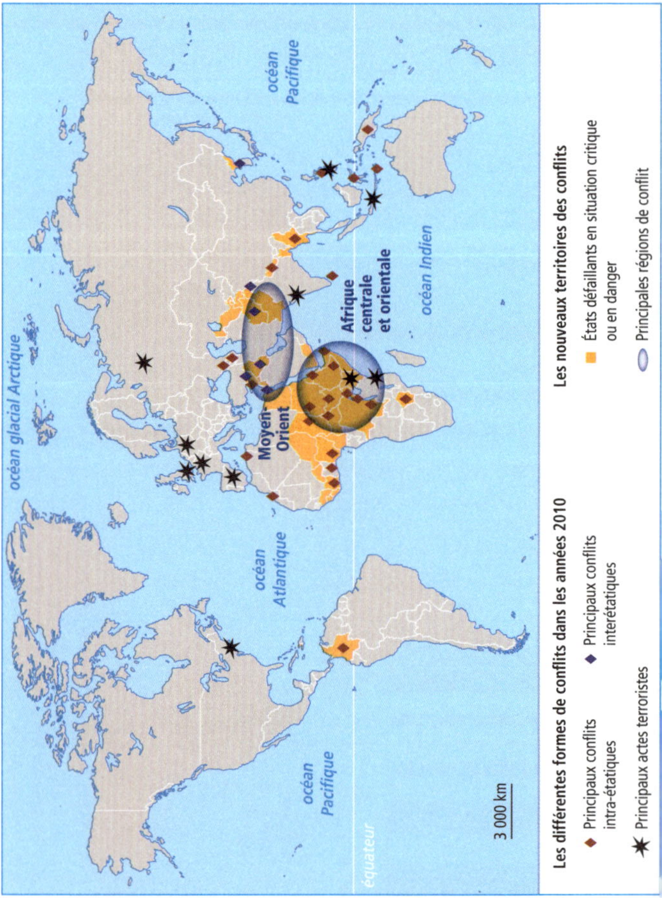

Les principaux conflits dans le monde aujourd'hui.

Cette carte montre où se développent les nouvelles formes de guerre. Les conflits interétatiques diminuent. Les conflits intra-étatiques (conflits ethniques, guerres civiles, violences criminelles) sont les plus nombreux, notamment dans les pays du Sud où sont localisés le plus grand nombre d'États défaillants. On assiste également à une mondialisation du terrorisme qui mène une guerre de plus en plus déterritorialisée.

Fiche 25

Faire la guerre, faire la paix

CARTE 1

En quoi les deux guerres mondiales sont-elles à l'origine d'un basculement du monde ?

→ Fiche 16

CARTE 2

Quels sont les modes de résolution des conflits permis par le multilatéralisme ?

→ Fiche 17

CARTE 3

Quelles sont les conséquences géopolitiques de la guerre de Sept Ans ?

→ Fiche 18

CARTE 4

À quels modèles de guerre les guerres révolutionnaires et napoléoniennes correspondent-elles ?

→ Fiche 18

CARTE 5

Quelles sont, de nos jours, les principales zones de conflits dans le monde ?

→ Fiche 19

CARTE 6

Quelles sont les principales caractéristiques du terrorisme international contemporain ?

→ Fiche 19

Vu !

Réponses

CARTE 1

Les deux guerres mondiales sont à l'origine du **décrochage de la suprématie européenne**. La guerre de 1914-1918 a **bouleversé les frontières** en Europe. La guerre de 1939-1945 a ouvert la voie à la **disparition des empires coloniaux** européens et à l'émancipation des peuples colonisés.

CARTE 2

La majorité des conflits sont réglés par des actions menées dans le cadre de **coalitions internationales**, la plupart du temps **dans le cadre de l'ONU** à travers trois types d'actions : le rétablissement de la paix ; le maintien de la paix ; l'imposition de la paix.

CARTE 3

Elle fait de la Prusse une grande puissance européenne au détriment de l'Autriche. Elle confirme la puissance mondiale de la **Grande-Bretagne**, qui devient progressivement **une thalassocratie hégémonique**.

CARTE 4

Elles sont au départ **des guerres idéologiques** visant à exporter partout en Europe les idéaux de la Révolution française. Avec Napoléon, elles deviennent classiquement **des guerres de conquête clausewitziennes**.

CARTE 5

Elles correspondent aux zones où les États sont incapables de s'affirmer autrement que par la violence. Ces derniers déclenchent des conflits pour asseoir leur légitimité (**États « voyous »**) ou sont impuissants à résoudre les luttes internes qui les traversent (**États « défaillants »**).

CARTE 6

Des organisations comme **Al-Qaïda** pratiquent une **guerre déterritorialisée** en opérant à partir de bases dispersées sur plusieurs continents. À l'inverse, **Daech a essayé de reterritorialiser** sans succès son action en fondant un « califat » réel en Irak et en Syrie, démantelé en 2019.

Fiche 26

Faire la guerre, faire la paix

CARTE 1

Quelles sont les caractéristiques principales du système westphalien qui régit les relations internationales européennes à l'époque moderne ?

↪ Fiche 20

CARTE 2

Quels sont les changements opérés par Kofi Annan lors de ses mandats de secrétaire général de l'ONU ?

↪ Fiche 21

CARTE 3

Quelles sont les principales étapes de résolution par la paix du conflit israélo-arabe ?

↪ Fiche 22

CARTE 4

Comment peut qualifier, de nos jours, la situation conflictuelle qui perdure entre les Israéliens et les Palestiniens ?

↪ Fiche 22

CARTE 5

Pourquoi la guerre du Golfe de 1991 constitue-t-elle un tournant diplomatique majeur ?

↪ Fiche 23

CARTE 6

En quoi la guerre du Golfe de 2003 illustre-t-elle l'unilatéralisme américain ?

↪ Fiche 23

Réponses

CARTE 1

Il s'agit d'une **organisation géopolitique** de l'Europe à la fin de l'époque moderne. Fondée sur la notion d'« **équilibre des puissances** », elle vise, sans succès, à éviter la guerre en **empêchant la formation d'États plus puissants que les autres**.

CARTE 2

Kofi Annan fait sortir l'ONU de son image d'instrument au service de l'ordre mondial occidental en insistant sur son **rôle dans la sécurité collective** et la « préservation de la **dignité de l'homme** » par-delà la souveraineté des États.

CARTE 3

Les **accords de Camp David** (1978) aboutissent à un traité de paix en 1982. En 1993, des négociations débouchent sur la reconnaissance par Israël de territoires palestiniens autonomes (**accords de Washington**) et sur les **accords d'Oslo** (mise en place progressive d'un État palestinien).

CARTE 4

De nos jours, la guerre israélo-palestinienne est devenue à la fois **un conflit asymétrique et un conflit étouffé**. Elle ressurgit de manière irrégulière dans l'actualité.

CARTE 5

L'opération militaire américaine « Tempête du désert » de 1991 met en déroute l'armée irakienne. Bien que mené sous l'égide de l'ONU (résolution 678) dans le respect du droit international, **ce conflit est voulu par les États-Unis et le consacre comme hyperpuissance**.

CARTE 6

La guerre du Golfe de 2003 est menée par les États-Unis **sans l'aval de l'ONU**. Elle débouche sur contrôle américain de l'Irak. Cet **unilatéralisme américain** se poursuit lors de la décision par Barack Obama du retrait américain de 2011 qui accélère la décomposition de l'Irak, plongé dans un véritable chaos.

Histoire et mémoire

Fiche 27

Le travail de l'historien consiste à chercher à établir avec le plus d'objectivité et de rationalité possible la vérité et la réalité des faits du passé, en évacuant au maximum les dimensions affective et idéologique qui s'attachent aux mémoires.

1 Les relations complexes entre histoire et mémoire

A. Deux perceptions différentes du passé

■ L'histoire et les historiens cherchent à expliquer le passé, scientifiquement et rationnellement, en le reconstruisant sur la base de témoignages recueillis auprès des témoins, acteurs des événements du passé. Ils travaillent aussi avec des archives, disponibles et ouvertes, de sources variées.

■ La mémoire renvoie aux souvenirs des individus ou de groupes. Elle se réfère aussi aux différentes pratiques commémoratives dont les enjeux sont divers, souvent revendicatifs.

B. Les mémoires des grands conflits du XXe siècle

■ Les deux guerres mondiales et la guerre d'Algérie constituent des événements fondamentaux de l'histoire de France au XXe siècle, sources de blessures et de fractures profondes. Ils ont généré divers groupes « porteurs de mémoires » plus ou moins actifs et visibles selon les époques dans l'espace public.

■ Les mémoires d'État ont pour point commun d'être souvent partiales, mythifiées et sélectives, quand elles n'occultent pas certains faits. Elles s'incarnent en de multiples lieux de mémoire par différentes pratiques commémoratives la plupart du temps officielles.

C. Des relations ambivalentes

■ Les historiens sont confrontés à une « demande sociale d'histoire » émanant du grand public et surtout des victimes et de leurs descendants, sur certains faits longtemps occultés ou oubliés par la mémoire collective (le rôle du régime de Vichy dans la déportation des Juifs vivant en France, l'usage de la torture par l'armée française au cours de la guerre d'Algérie).

Mot-clé

Mémoire collective : mémoire partagée, transmise et construite par la société, dominante dans l'espace public.

Vu !

■ Une grande partie de la communauté historienne est hostile aux **lois mémorielles** imposées par les pouvoirs publics. Elle juge qu'il est anormal d'imposer aux historiens une vision et une écriture officielles de l'histoire.

2 Des acteurs en constante évolution

A. Les groupes porteurs de mémoire

■ Ces regroupements de personnes plus ou moins formels et plus ou moins visibles (anciens combattants, anciens résistants, anciens déportés ou anciens colonisés) présentent, par le biais de manifestations publiques, **leur version de l'histoire** en fonction d'un certain nombre de revendications.

■ Ces revendications sont souvent motivées par la recherche de compensations matérielles, morales ou symboliques, et sous-tendues par les **enjeux politiques et idéologiques du temps présent**.

B. Le franchissement de seuil mémoriel

■ Il s'agit du moment où certaines mémoires s'affirment dans le champ public. Pour le cas de l'Algérie, le franchissement de seuil mémoriel intervient avec la **dénomination officielle** de « guerre d'Algérie » à partir de 1999, sous la pression des organisations d'anciens combattants.

■ La transmission mémorielle s'effectue par l'action de relais multiples : les médias (cinéma, télévision), les manifestations (défilés) des groupes porteurs de mémoire, mais aussi les **travaux universitaires** qui infléchissent les discours officiels longtemps porteurs de mythes et de contre-vérités historiques.

À RETENIR

Les relations complexes entre histoire et mémoire

→ Les historiens cherchent à expliquer le passé, **scientifiquement et rationnellement**.

→ Ils sont confrontés à une **« demande sociale d'histoire »** émanant des victimes et de leurs descendants.

Le rôle des groupes porteurs de mémoire

→ Ce sont des regroupements de personnes présentant **leur version de l'histoire**.

→ Leur action aide à **l'expression des mémoires dans l'espace public**.

Histoire et justice

Fiche 28

L'idée de mettre en place **une justice internationale** pour juger des faits de guerre extrêmement graves était déjà présente dans les **articles 227 et 228 du traité de Versailles** mais n'avait jamais vu le jour. Elle est concrétisée par le **procès de Nuremberg**.

1 Comment gérer l'Allemagne après la défaite nazie ?

A. La fin du totalitarisme en Allemagne

- Le système totalitaire nazi s'effondre avec la capitulation allemande le 8 mai 1945. **Deux conférences interalliées** fixent le sort de l'Allemagne, qui ne dispose plus d'État et perd toute souveraineté.
- À Yalta, en février 1945, Staline, Churchill et Roosevelt décident sa division en 4 zones d'occupation, l'organisation d'élections libres et la **reconstruction d'un État démocratique**.
- La conférence de Potsdam confie au conseil de contrôle interallié à Berlin la mise en œuvre des **« 3 D »** (dénazifier, démilitariser, décarteliser) de la démocratisation.

Mot-clé

Dénazification : occupation de l'Allemagne nazie vaincue dans le but de punir les responsables des crimes contre l'humanité et génocides et d'extirper le nazisme de la société allemande.

B. Allemagne « année zéro »

- La victoire des Alliés s'inscrit dans un contexte de défaite et d'occupation pour les Allemands : **12 millions de réfugiés et de déplacés** des territoires de l'Est se mêlent à la population libérée des camps.
- La famine touche la majorité de la population et, en 1946, 14 millions d'Allemands sont encore sans logis. Ce sont les forces d'occupation qui assurent la sécurité, l'aide médicale et le ravitaillement, par exemple à **Cologne, détruite à 90 %**.

2 Le procès de Nuremberg, fondement de la justice internationale contemporaine

A. Rendre une justice exemplaire

- Ce sont les Alliés qui jugent les principaux responsables nazis dans le cadre du **tribunal militaire international de Nuremberg**, composé de juges et d'équipes juridiques des quatre alliés. Le procès dure un an (nov. 1945-oct. 1946). Les accusés sont des hauts responsables du Reich ainsi que des organisations criminelles dans leur ensemble, comme les SS.

- Aux chefs d'accusation relevant du droit international déjà existant (crime contre la paix, crime de guerre), s'ajoute le crime contre l'humanité, imprescriptible. Le procès se fonde donc sur le droit, des principes juridiques clairs, le respect du droit des accusés, et une multitude de preuves matérielles et de témoignages qui rendent les condamnations incontestables.

Mot-clé

Crime contre l'humanité : fait inhumain portant atteinte à la personne physique ; violation grave et caractérisée des droits de l'homme. Ce crime est imprescriptible.

- Cette démarche correspond à l'esprit dans lequel les Alliés veulent juger et condamner le nazisme : il ne s'agit pas de se venger (il y a d'ailleurs des acquittements), mais de rendre justice.

B. Être un point de départ

- Les preuves et les témoignages rassemblés servent à faire prendre conscience à l'humanité de la réalité de la politique d'extermination planifiée. Ce procès a une valeur pédagogique : l'objectif est que les crimes révélés et jugés à Nuremberg ne se reproduisent plus, que le nouveau droit international l'empêche, et que les criminels nazis soient poursuivis après la clôture du procès, grâce à l'imprescriptibilité du crime contre l'humanité.

- Le procès de Nuremberg a joué un rôle essentiel, à la fois juridique et historique : il ne condamne pas seulement des nazis, mais le nazisme dans son ensemble et à travers lui tous les systèmes ultérieurs qui pourraient commettre le même type de crimes.

À RETENIR

L'exemplarité du procès de Nuremberg

→ **Un procès fondé sur le droit** et des principes juridiques clairs.

→ Un procès qui ne cherche pas à se venger mais à **rendre justice**.

Les conséquences du procès de Nuremberg

→ **L'imprescriptibilité** des crimes contre l'humanité.

→ **La condamnation de tous les systèmes ultérieurs** qui pourraient commettre le même type de crimes que le nazisme.

Les causes de la Première Guerre mondiale

Fiche 29

La **vision mécaniste** de l'enclenchement inévitable du conflit du fait de l'imbrication des alliances internationales a cédé le pas à une **vision plus nuancée qui n'occulte la responsabilité d'aucun État.**

1 Un débat historiographique né avec la guerre

A. Les enjeux de la responsabilité durant le conflit

- Pendant la guerre, tous les pays affirment ne mener qu'**une guerre défensive** pour protéger leur territoire et leurs intérêts.
- À la fin de la guerre, les enjeux de la responsabilité de la guerre deviennent essentiels. Les vainqueurs parviennent à faire admettre la **responsabilité unilatérale de l'Allemagne** par l'article 231 du traité de Versailles. La responsabilité de la guerre devient un enjeu de politique intérieure : pour les Français, « l'Allemagne paiera » ; outre-Rhin, une frange importante de la population considère le traité de Versailles comme un ***diktat***.

B. L'évolution des analyses dans l'entre-deux-guerres

- L'historien des relations internationales Pierre Renouvin s'interroge dès 1925 sur ce qu'il appelle les **« forces profondes »** ayant conduit à la guerre. S'esquisse alors l'idée d'une responsabilité collective dans le déclenchement du conflit.
- En 1933, l'historien Jules Isaac publie une étude qui met en lumière **le partage des responsabilités** quant au déclenchement de la guerre (rôle de la Russie, poussée nationaliste qui n'épargne pas la France).

2 Les analyses contemporaines et leurs évolutions

A. Le choc des nationalismes

- **La matrice germano-française.** L'opposition entre le nationalisme d'existence français et le nationalisme de puissance allemand s'est amplifiée depuis la défaite française de 1870 (Alsace-Lorraine) et culmine au début des années 1910 (rivalités au Maroc).

Mots-clés

Nationalisme d'existence : sentiment d'une population qui se reconnaît dans une langue, une histoire et une culture communes et qui manifeste la volonté de vivre dans un même pays.

Nationalisme de puissance : idéologie qui, en prônant la primauté de son pays par rapport aux autres nations, permet de se définir une identité nationale par défaut.

La matrice austro-russe. La volonté séculaire de l'empire russe de s'étendre à la fois au détriment des Turcs (accès aux mers chaudes) et des Autrichiens (protections des Slaves méridionaux) se renforce au début du XXe siècle, particulièrement lors de la guerre des Balkans en 1912, prélude à la guerre mondiale.

L'impérialisme économique anglais. Les motifs de la Grande-Bretagne sont surtout économiques. Son inquiétude face à la très forte croissance industrielle allemande grandit au fur et à mesure que cette dernière accroît son potentiel maritime, menaçant toujours plus son impérialisme thalassocratique.

B. Des passions apaisées ?

En 1951, une commission historique franco-allemande reconnaissait que rien ne permettait d'attribuer une volonté de guerre préméditée **« à aucun gouvernement ou à aucun peuple »**. Mais, en 1961, l'ouvrage de Fritz Fischer (*Les Buts de guerre de l'Allemagne impériale*) relance partiellement le débat en insistant sur le rôle majeur des milieux militaires et industriels allemands dans le déclenchement de la guerre.

Les travaux de Jean-Jacques Becker (*L'Année 1914*) sont grandement à l'origine de la position nuancée qui prévaut largement aujourd'hui : l'Allemagne est bien à l'origine immédiate de la guerre mais **la responsabilité globale du conflit est collective**.

À RETENIR

Un débat historiographique né avec la guerre	→ Le traité de Versailles déclare **l'Allemagne responsable** du déclenchement de la guerre. → L'idée d'**un partage des responsabilités** se développe durant l'entre-deux-guerres.
L'analyse contemporaine	→ **La vision mécaniste** de l'enclenchement inévitable du conflit découlant de l'imbrication des alliances internationales est nuancée aujourd'hui. → Si l'Allemagne est à l'origine immédiate de la guerre, **la responsabilité globale du conflit est collective**.

Mémoires et histoire de la guerre d'Algérie

Fiche 30

La guerre d'Algérie est **une des crises majeures** de l'histoire de France au XXe siècle. L'État, mais aussi les « acteurs-témoins » réunis sous différentes formes, ont été jusqu'à **entraver le travail des historiens** en voulant imposer une lecture univoque, déformée, voire mensongère des faits.

1 En France, des mémoires partiellement retrouvées

A. La guerre « sans nom »

■ Face à l'insurrection algérienne de 1954, les gouvernements français successifs refusent de reconnaître qu'ils ont affaire à ce qui est une véritable guerre. Pour désigner la situation, on parle alors d'**« événements »** ou de « pacification ».

■ La mémoire de cette guerre est d'abord **refoulée**. Dans le contexte de l'expansion économique des Trente Glorieuses et des mutations que connaît la société, elle est assez vite oubliée par la majorité de la population, d'autant plus qu'elle ne suscite aucune reconnaissance ni commémoration officielle.

B. Des mémoires cloisonnées et conflictuelles

■ La guerre d'Algérie a laissé **des traces profondes** dans les mémoires de ses acteurs dont les principaux groupes sont les rapatriés d'Algérie, les anciens combattants de l'armée française, les harkis et les immigrés algériens vivant sur le territoire français.

Mot-clé

Harki : soldat algérien musulman engagé dans l'armée française pendant la guerre d'Algérie.

■ Souvent organisés en associations, ces groupes sont tous en quête de reconnaissance, même s'ils défendent **une vision partielle du conflit**.

■ Au début des années 2000, des témoignages choc paraissent dans la presse. Parallèlement, l'historienne Raphaëlle Branche éclaire dans sa thèse **l'utilisation de la torture** au cours du conflit. Après avoir été longtemps occultée, la mémoire de la guerre d'Algérie s'inscrit durablement dans le paysage français (monuments, plaques, noms de rue…).

Vu !

2 En Algérie, une mémoire largement instrumentalisée

A. Une mémoire fondatrice de la nation

- Le FLN (Front de Libération Nationale) prend la tête de l'Algérie indépendante en 1962 et institue un régime de parti unique. Certains faits sont tus pour présenter la guerre, nommée **« guerre de libération »**, comme une révolution fondée sur l'opposition entre deux communautés antagonistes : les Algériens et les Français. Le pays se couvre de monuments à la gloire des martyrs.
- En occultant le Mouvement National Algérien (MNA) de Messali Hadj, le FLN veut apparaître comme l'acteur unique ayant mené le peuple à la victoire. Le FLN fonde ainsi sa légitimité en imposant **une version officielle de l'histoire**.

B. Une mémoire sous surveillance

- La « révolution » est présentée comme ayant été menée par le peuple uni derrière le parti. Les historiens estiment les pertes algériennes à 300 000 victimes environ alors que le FLN impose le mythe du « million et demi de martyrs ». Les manuels scolaires se font l'écho de cette histoire **en partie fabriquée** par le pouvoir.
- Les années 1980 et les émeutes en Kabylie marquent un tournant dans le rapport des Algériens à leur histoire. Les jeunes adhèrent de moins en moins au récit du parti unique glorifiant un passé héroïque comme socle de la nation. Mais les historiens rencontrent toujours **de nombreux obstacles** dans leur travail.
- La période coloniale et la guerre d'Algérie sont des sujets au cœur des relations entre l'Algérie et la France. L'histoire commune reste cependant souvent **un enjeu diplomatique,** utilisée alternativement par l'un ou l'autre des deux États.

À RETENIR

En France, une mémoire partiellement retrouvée

→ La guerre a été **occultée** puis sa mémoire a été **refoulée**.

→ Aujourd'hui, la guerre d'Algérie est **inscrite durablement** dans la **mémoire collective française**.

En Algérie, une mémoire largement instrumentalisée

→ Le FLN a fondé sa légitimité au pouvoir en imposant **une version officielle** de la guerre d'Algérie.

→ Les historiens rencontrent **de nombreux obstacles** dans leur travail sur ce sujet.

Les tribunaux *gacaca* face au génocide des Tutsi

Fiche 31

Dès novembre 1994, un **tribunal pénal international pour le Rwanda** (TPIR) siégeant à Arusha (Tanzanie) est institué. Mais devant **ses lenteurs et ses dysfonctionnements**, les rescapés décident de prendre les choses en main et réactivent les **anciens tribunaux traditionnels *gacaca***.

1 Les difficultés de la justice internationale

A. Des violences endémiques au génocide

■ Ancienne colonie belge, le Rwanda connaît depuis son indépendance en 1962 des violences récurrentes liées aux persécutions que les Hutu, ethnie majoritaire, font subir aux Tutsi, minorité dont une partie fuit en Ouganda et fonde le FPR (Front Patriotique Rwandais). Elles culminent au début des années 1990 au moment où éclate une véritable **guerre civile**.

■ La mort dans un accident d'avion du président rwandais, le 6 avril 1994, est l'occasion, pour les Hutu radicaux, de s'emparer du pouvoir. En quelques semaines, ils **massacrent** la plus grande partie de la population tutsi.

■ La France ne commence à intervenir que le 22 juin (opération « Turquoise » sous mandat de l'ONU) alors que près d'**un million de Tutsi ont déjà été exécutés** et que l'offensive du FPR pour renverser le gouvernement hutu est en train de réussir.

B. L'embarras de la communauté internationale

■ La mise en place du **Tribunal pénal international pour le Rwanda** (TPIR) intervient dès novembre 1994. Mais très vite, son fonctionnement pâtit des réticences de certains pays qui craignent d'être accusés d'avoir indirectement participé au génocide, soit par inaction (États-Unis), soit par l'action pas toujours très claire de leurs forces d'intervention (France).

■ De 1994 à 2015, le TPIR n'a jugé que 93 accusés « majeurs » du génocide et en a condamné une soixantaine. À cette **extrême lenteur** se sont ajoutés de nombreux problèmes de fonctionnement et le refus de juger les forces du FRP, elles-mêmes coupables de nombreuses violences lors de leur contre-offensive victorieuse.

Vu !

2 Le « miracle » judicaire des tribunaux *gacaca*

A. Une justice résiliente

■ En 1998, outre les organisateurs du génocide déférés devant le TPIR, plus de deux millions d'exécutants ont été arrêtés. Pour les juger selon les procédures habituelles, il aurait fallu **des centaines d'années**.

■ Entre 2005 et 2012, plus de 12 000 tribunaux *gacaca* sont créés. Composés de **citoyens volontaires** encadrés de magistrats temporaires formés en quelques jours, ils parviennent, en moins de 7 ans, à juger près de 2 millions de personnes et à en condamner environ les deux tiers à des peines allant du dédommagement des dégâts occasionnés à l'emprisonnement à vie.

Mot-clé

Tribunal *gacaca* : justice de pr mité traditionnelle rwand dont le nom fait référence pelouse (« *gacaca* ») sur laqu étaient assis les sages lorsq écoutaient les plaignants lors litiges de voisinages qu'ils ava à juger.

B. Une justice visant l'apaisement

■ Au-delà de l'efficacité judiciaire immédiate, le but recherché par les tribunaux *gacaca* a été, selon un ancien juge, de permettre aux victimes de se confronter aux tueurs pour « réconcilier les gens et être le plus juste possible afin qu'ils **réapprennent à vivre ensemble** ».

■ Si de nombreux problèmes subsistent, particulièrement celui de l'indemnisation des victimes, l'action des tribunaux *gacaca* a permis d'enrayer la spirale de la haine et de la vengeance. Depuis plusieurs années, s'instaure lentement « **une cohabitation pacifique** à l'échelle du pays », ce qui était impensable au lendemain du génocide.

À RETENIR

Les limites de la justice internationale

→ **Le Tribunal pénal international pour le Rwanda** (TPIR) est victime des réticences de pays comme les États-Unis ou la France.

→ Son fonctionnement est **extrêmement lent** et procédurier.

L'action locale des tribunaux *gacaca*

→ Ces tribunaux locaux parviennent à **juger deux millions de personnes** en 7 ans.

→ Leur action a permis d'**enrayer la spirale de la haine** et de la vengeance.

Le tribunal pénal international pour l'ex-Yougoslavie

Fiche 32

Ce tribunal a été créé le 25 mai 1993, en pleine guerre de Bosnie, par la résolution 827 de l'ONU. Il a pour mission de traduire en justice des personnes présumées responsables de crimes graves. C'est le **premier tribunal pénal international depuis celui de Nuremberg** en 1945.

1 Une guerre civile meurtrière au cœur de l'Europe

A. L'éclatement de l'ex-Yougoslavie

■ Cet État multinational, créé en 1918, est **une mosaïque ethnique, culturelle et religieuse**. La Bosnie, une des six Républiques de la fédération yougoslave, est en 1991 à l'image de cette complexité nationale : musulmans majoritaires, Serbes et Croates cohabitent sur le territoire.

■ Les revendications d'indépendance deviennent de plus en plus fortes et le Parlement de Bosnie, à majorité musulmane et croate, fait sécession à la fin de l'année 1991. Le refus des Serbes de Bosnie, menés par Radovan Karadžić, est appuyé par la Serbie, dont certains dirigeants souhaitent constituer une **« Grande Serbie »**.

B. L'impuissance européenne et onusienne face à la guerre

■ En avril 1992, la guerre est déclenchée et Sarajevo est encerclée par les forces serbes. La population civile connaît, pendant trois années, des conditions de vie terribles auxquelles s'ajoutent les arrestations, internements, meurtres au nom de la **« purification ethnique »** menée par les miliciens serbes.

■ La communauté internationale s'indigne devant ce retour de la barbarie au cœur de l'Europe, mais la guerre de Bosnie révèle **l'impuissance** de l'Europe puis de l'ONU à rétablir la paix.

■ C'est finalement dans le cadre de l'OTAN que le conflit se règle militairement. En décembre 1995, sur la base américaine de **Dayton**, des accords de paix sont signés par les représentants des trois nationalités.

2 L'action de la justice internationale

A. Le rôle du TPIY

■ Créé en 1993 pour **juger les criminels responsables** de crimes de guerre, de crime contre l'humanité, de génocide pendant la

Vu !

guerre en ex-Yougoslavie, le TPIY (Tribunal pénal international pour l'ex-Yougoslavie) a fermé ses portes le 31 décembre 2017. Seule la Cour pénale internationale (CPI), opérationnelle depuis 2002, peut désormais juger les criminels répondant à ces chefs d'accusation.

Mot-clé

Tribunal pénal international (TP
tribunal international tempora
constitué sous l'autorité des Natio
unies en vue de juger des crim
contre l'humanité dans un pays
une région du monde. Trois seu
ment ont été créés depuis 1945.

■ Entre 1993 et 2017, le TPIY a engagé 161 procédures. Le tribunal a condamné plus de quatre-vingt personnes et en a acquitté une vingtaine. Seize sont décédées avant la fin de leur jugement (dont le président de l'ex-Yougoslavie Slobodan Milošević), les poursuites ont été abandonnées pour 25 autres.

B. Radovan Karadžić au cœur des procès du TPIY

■ Fondateur du parti « démocratique » serbe de Bosnie-Herzégovine, Radovan Karadžić préside la République serbe de Bosnie de 1992 à 1996. Ultranationaliste, il organise des opérations de « purification ethnique » durant la guerre en Bosnie, entraînant la mort de 10 000 civils à Sarajevo entre 1992 et 1996, de 7 000 musulmans à Srebrenica en 1995.

■ Le TPIY lance un mandat d'arrêt contre lui dès 1996. Arrêté à Belgrade le 21 juillet 2008, il comparaît devant la cour du TPIY pour la première fois le 31 juillet 2008. Son procès commence le 26 octobre 2009. Après dix ans de procédures complexes ralenties par les jugements en appel, il est définitivement condamné en 2019 à la prison à perpétuité.

À RETENIR

Un génocide au cœur de l'Europe contemporaine

→ La guerre civile en Bosnie, débouchant sur une **purification ethnique** menée par des miliciens serbes.

→ Le rôle de **Radovan Karadžić**, à l'origine de la mort de 10 000 civils à Sarajevo entre 1992 et 1996 et de 7 000 musulmans à Srebrenica en 1995.

Une justice internationale efficace

→ La constitution d'**un tribunal pénal international** pour juger les crimes commis pendant la guerre en ex-Yougoslavie.

→ La condamnation à la **prison à perpétuité** de Radovan Karadžić.

Lieux de mémoire du génocide des Juifs et des Tsiganes

Fiche 33

Depuis 2005, la **Journée internationale de commémoration en mémoire des victimes de la Shoah** est célébrée le 27 janvier, date anniversaire de la libération du camp d'Auschwitz-Birkenau. Cette commémoration alliant une date, un lieu et un événement illustre la **formation progressive d'une géographie du souvenir**.

1 Les lieux de la « Solution finale »

A. La déportation et l'extermination des Juifs et des Tsiganes

■ En Europe de l'Ouest, les Juifs sont raflés et regroupés dans des camps de transit. En Europe de l'Est, ils sont d'abord concentrés dans des ghettos avant d'être déportés. Plus de six millions de personnes sont ainsi arrêtées et acheminées vers leur **« destination finale »**.

■ Le **réseau ferroviaire** est le vecteur structurant commandant la géographie concentrationnaire, les principaux camps étant installés dans des lieux bien reliés au chemin de fer (gares de triage, embranchements facilement accessibles, etc.).

B. Une volonté d'effacer les traces du génocide

■ Les nazis ont voulu détruire le plus de traces possible de leurs crimes. Ainsi il n'existe quasiment **aucune archive directe du génocide** du plus grand centre d'extermination européen (Auschwitz-Birkenau).

■ Les preuves de la réalité du génocide sont avant tout **indirectes** : photographies de lieux dévastés, récits des forces militaires alliées libérant les camps. Les témoignages des survivants, souvent fragiles et incomplets ont, de plus, contribué à fragmenter la mémoire du génocide.

■ Des individus aux motivations diverses (néonazis, complotistes, antisémites, universitaires dévoyés) se sont appuyés sur ce soi-disant manque de preuves directes pour développer l'idée que le génocide avait été exagéré, voire qu'il n'avait jamais eu lieu. La création de lieux de mémoire participe à **combattre efficacement ce** **négationnisme**.

Mot-clé

Négationnisme : déni dans un but raciste ou politique de faits historiques avérés. Ce déni, lorsqu'il concerne les crimes contre l'humanité, est puni par la loi en France depuis 1990 (loi Gayssot).

Vu !

2 La constitution de lieux de mémoire

A. Quels lieux de mémoire ?

■ L'expression « lieu de mémoire » a été popularisée par l'historien Pierre Nora, pour qui elle désigne d'abord « des restes, la forme extrême où subsiste une conscience commémorative ». Ces lieux prennent la forme de monuments, de vestiges, mais aussi d'archives, de musées et de cimetières, ou encore de fêtes, d'anniversaires, de commémorations, etc.

■ Les lieux de mémoires « naturels » du génocide sont avant tout les camps d'internement et de transit, étapes de la déportation, puis ceux des destinations finales (camps de concentration et d'extermination). Dans ces lieux de mémoire, des monuments, des mémoriaux, des musées ont été édifiés, cadres de commémorations, de pèlerinages pour les acteurs-témoins et de visites pour un public varié, notamment scolaire.

B. Le Mémorial de la Shoah à Paris

■ Ouvert en 2005 sur le site du Mémorial du martyr juif inconnu (1956), le Mémorial de la Shoah s'inscrit dans la continuité du Centre de documentation juive contemporaine (CDJC), créé en 1943 dans la clandestinité dans le but de rassembler le plus de documents possible sur l'extermination en cours des Juifs d'Europe.

Mot-clé

Shoah : mot hébreu qui sign[ifie] « catastrophe » et qui dési[gne] l'extermination de 6 millions [de] Juifs par les nazis.

■ Le Mémorial est à la fois un espace de recherche, de rencontres et un musée. Son exposition permanente se termine par un espace consacré aux enfants juifs déportés de France.

À RETENIR

Les lieux de la Solution finale

→ Les principaux camps étaient installés dans des lieux bien reliés au chemin de fer.

→ Les preuves de la réalité du génocide sont avant tout indirectes.

La constitution de lieux de mémoire

→ Les lieux de mémoires « naturels » du génocide sont les camps d'internement et de transit, puis ceux des destinations finales.

→ Espace de recherche, de rencontres et musée, le Mémorial de la Shoah à Paris est un lieu emblématique de la mémoire du génocide.

Juger les crimes nazis après Nuremberg

Fiche 34

Le procès des principaux chefs nazis se tient à Nuremberg de novembre 1945 à octobre 1946. Il est suivi par **douze « procès successeurs »** qui se tiennent jusqu'en 1948, puis par des **procès dans certains pays** ayant déclaré les crimes contre l'humanité **imprescriptibles**.

1 Des notions juridiques à inventer

A. Un tribunal international

■ Le tribunal de Nuremberg a pour mission de **juger les crimes** contre la paix, les crimes de guerre et les crimes contre l'humanité.

■ L'idée de mettre en place **une justice internationale** pour juger des faits de guerre extrêmement graves était déjà présente dans les articles 227 et 228 du traité de Versailles mais n'avait jamais été concrétisée.

B. Génocide et crime contre l'humanité

■ Le terme **« génocide »** n'apparaît pas dans les statuts du tribunal et n'est évoqué qu'au moment du procès des *Einsatzgruppen*. Ainsi, la spécificité du génocide des Juifs et des Tsiganes n'est pas exprimée dans sa totalité, malgré le choc de la découverte des camps d'extermination.

> **Mot-clé**
>
> ***Einsatzgruppen*** : groupes d'intervention mobile chargés d'exterminer les opposants et les Juifs à l'arrière des armées sur les fronts d'Europe de l'Est.

■ Juridiquement, la notion de génocide est **définie le 9 décembre 1948** par l'Assemblée générale de l'ONU. La notion de crime contre l'humanité est distinguée de celle de génocide afin de ne pas l'enfermer dans le contexte très exceptionnel de la folie nazie. Le texte considère que tout génocide est un crime contre l'humanité, mais que tout crime contre l'humanité n'a pas les caractéristiques et l'ampleur d'un génocide.

2 La postérité du procès de Nuremberg

A. Les douze « procès successeurs »

■ Ces procès ont pour ambition de juger ceux qui auraient pu paraître comme **des exécutants secondaires** des crimes contre l'humanité mais qui entrent dans le champ d'application de l'article 8 du statut du tribunal militaire international (obéir à un supérieur hiérarchique ou au gouvernement ne dégage pas de la responsabilité personnelle).

■ Le procès des médecins condamne à mort Karl Brandt, responsable de l'extermination des malades mentaux et handicapés du IIIe Reich, et Karl Gebhardt, président de la Croix-Rouge allemande, responsable de l'expérimentation médicale sur les prisonniers des camps. C'est à la suite de ce procès qu'ont été établis les principes éthiques du protocole de l'**expérimentation clinique**.

B. Les procès ultérieurs pour crime contre l'humanité

■ À partir de 1948, il n'est plus possible de concevoir, dans **un monde coupé idéologiquement en deux** par la guerre froide, une justice internationale sereine et impartiale. Ce sont donc les justices nationales ayant traduit dans leur droit la notion d'imprescriptibilité des crimes contre l'humanité qui prennent le relais.

■ En 1961, **Adolf Eichmann,** coordinateur de la Solution finale, est enlevé en Argentine par les services secrets israéliens et conduit à Tel-Aviv où, à l'issue d'un procès controversé (« le Nuremberg du peuple juif » selon Ben Gourion), il est condamné à mort.

■ **En France**, plusieurs responsables nazis ou collaborateurs sont inculpés (Klaus Barbie en 1987, René Bousquet en 1991, Paul Touvier en 1994 et Maurice Papon en 1997).

■ À partir des années 1990, **une justice internationale sereine** est désormais envisageable. L'ONU crée deux tribunaux pénaux internationaux (TPI) pour juger les crimes en ex-Yougoslavie et au Rwanda, tandis que la Cour pénale internationale (CPI) de la Haye voit le jour en 1998.

À RETENIR

Des notions juridiques à inventer

→ Le procès de Nuremberg concrétise l'idée de mettre en place **une justice internationale** déjà présente dans le traité de Versailles.

→ À la suite du procès de Nuremberg, la notion de génocide est définie le 9 décembre 1948 **par l'Assemblée générale des Nations unies**.

La postérité du procès de Nuremberg

→ La **guerre froide** empêche temporairement le développement de la justice internationale.

→ À partir des années 1990, des **tribunaux pénaux internationaux sont créés** avec succès.

Le génocide dans la littérature et le cinéma

Fiche 35

Ces deux moyens d'expression ont permis de nommer l'indicible. **« Holocauste »**, employé par l'**écrivain Elie Wiesel** dans *La Nuit*, est le premier terme retenu pour cela, particulièrement dans les pays anglo-saxons. Le terme hébreu **« Shoah »** finit par le supplanter, en grande partie suite au film éponyme de **Claude Lanzmann**.

1 Le génocide dans la littérature

A. Des témoignages pour faire exister « l'événement sans témoins »

■ **Les témoignages des disparus.** Les lettres, les journaux intimes, les cahiers d'adolescents sont les traces écrites au plus proche du drame. Souvent fragmentaires, maladroits, ces « instantanés des morts en sursis » s'incarnent tous dans le *Journal* d'Anne Frank, jeune fille juive allemande, morte au camp de Bergen-Belsen en 1945.

■ **Les témoignages des survivants**, peu abondants juste après guerre à cause du sentiment terrible de « la honte d'avoir survécu », se multiplient à partir des années 1970. Certains ont connu une large diffusion, comme *La Nuit* d'Elie Wiesel (1956).

B. Écrire pour essayer de comprendre

■ **Penser l'impensable.** Au-delà du témoignage, plusieurs rescapés ont tenté de « mettre des mots », d'analyser les mécanismes humains de l'univers concentrationnaire, comme Robert Antelme (*L'Espèce humaine*, 1957) ou Primo Levi (*Si c'est un homme*, 1947).

■ **Écrire pour exorciser.** Pour certains survivants et leurs proches, le roman devient un moyen de survivre et peut-être de se reconstruire comme pour André Schwartz-Bart (*Le Dernier des Justes*, 1959), Jorge Semprun (*Le Grand Voyage*, 1963) ou Imre Kertész (*Être sans destin*, 1975).

■ **Les écrivains** des générations suivantes continuent à se poser la question de « l'inhumanité » de l'humain et deviennent des spéléologues de la « mémoire sidérée », suivant l'expression de Georges Perec. Parmi eux, Patrick Modiano, prix Nobel de littérature en 2014.

Vu !

2 Le génocide dans le cinéma

A. Du documentaire à la fiction, une représentation difficile

■ **Le cinéma pour montrer.** Les services cinématographiques des armées alliées ont filmé la libération des camps et les découvertes macabres qu'ils y ont faites. Grâce à des images d'archives, Alain Resnais parvient à évoquer les camps dans *Nuit et Brouillard* (1955) sans toutefois traiter spécifiquement du génocide.

■ **Le cinéma pour évoquer et entretenir la mémoire.** En 1977, *Holocauste*, un téléfilm de près de 9 heures retraçant la vie d'une famille juive allemande finalement exterminée dans les camps, est diffusé sur NBC puis dans le monde entier. Malgré son succès d'audience, cette fiction fait l'objet de nombreuses critiques. Les mêmes polémiques ressurgissent en 1993 avec *La Liste de Schindler* de Steven Spielberg, que Claude Lanzmann accuse de rendre trivial l'Holocauste « en abolissant son caractère unique ».

B. *Shoah*, le film de l'ère des témoins

■ À partir de 350 heures de prises de vues, Claude Lanzmann a réalisé un film de près de 10 heures où s'entrelacent les **témoignages**, créant ainsi un phénomène d'écho qui permet de comprendre comment s'est déroulée la Shoah.

■ Si la forme du film se rapproche du documentaire, Claude Lanzmann préfère parler de **« non-fiction »** pour évoquer ce combat contre l'oubli qui semble gommer la distance entre passé et présent par le retour sur les lieux du génocide. Sorti en 1985, il a été vu depuis par près de 120 millions de spectateurs dans le monde et a imposé le terme spécifique de « Shoah » pour signifier le génocide des Juifs.

À RETENIR

Le génocide dans la littérature

→ La littérature pour nommer le génocide : le mot **« Holocauste »** employé par Elie Wiesel dans *La Nuit*.

→ Les témoignages des disparus ou des survivants **pour faire exister** « l'événement sans témoins ».

→ Des essais et des romans pour **penser l'impensable, se reconstruire ou exorciser**.

Le génocide dans le cinéma

→ Le cinéma pour **nommer** : le film documentaire *Shoah* de Claude Lanzmann.

→ Le cinéma pour **montrer, évoquer et entretenir la mémoire**.

Tableau et schéma pour la dissertation

Fiche 36

Il est possible d'illustrer la plupart des **sujets portant sur « Histoire et mémoire »** par un tableau résumant les commémorations dont sont l'objet certains grands épisodes tragiques de l'histoire récente. Celui concernant la guerre d'Algérie est particulièrement judicieux à mémoriser car il peut être utilisé pour un grand nombre de sujets.

Commémoration	Journée de célébration	Date de création
Journée nationale d'hommage aux « Morts pour la France » de la guerre d'Algérie et des combats du Maroc et de la Tunisie	**5 décembre** (jour de l'inauguration au quai Branly, à Paris, du Mémorial national de la guerre d'Algérie et des combats du Maroc et de la Tunisie en 2002)	**2003**
Journée nationale d'hommage aux harkis	**25 septembre** (pas de signification particulière)	**2003**
Hommage rendu à tous les morts pour la France	**11 novembre** (à l'origine, jour de l'armistice de la Première Guerre mondiale en 1918)	**2012**
Journée nationale du souvenir et de recueillement à la mémoire des victimes civiles et militaires de la guerre d'Algérie et des combats en Tunisie et au Maroc	**19 mars** (jour de la signature des accords d'Évian en 1962)	**2012**

Les commémorations de la guerre d'Algérie en France.

Le tableau des commémorations nationales illustre la notion de mémoire officielle et montre que cette mémoire évolue. En France, il faut attendre le réveil des mémoires des années 1990-2000 pour que la guerre d'Algérie entre progressivement dans le champ officiel. Pour autant, la question reste encore vive, comme l'attestent les contestations autour de certaines dates de commémoration.

Il est possible d'illustrer la plupart des **sujets portant sur la justice internationale** par un schéma relativement facile à mémoriser et qui synthétise le fonctionnement actuel de la justice internationale.

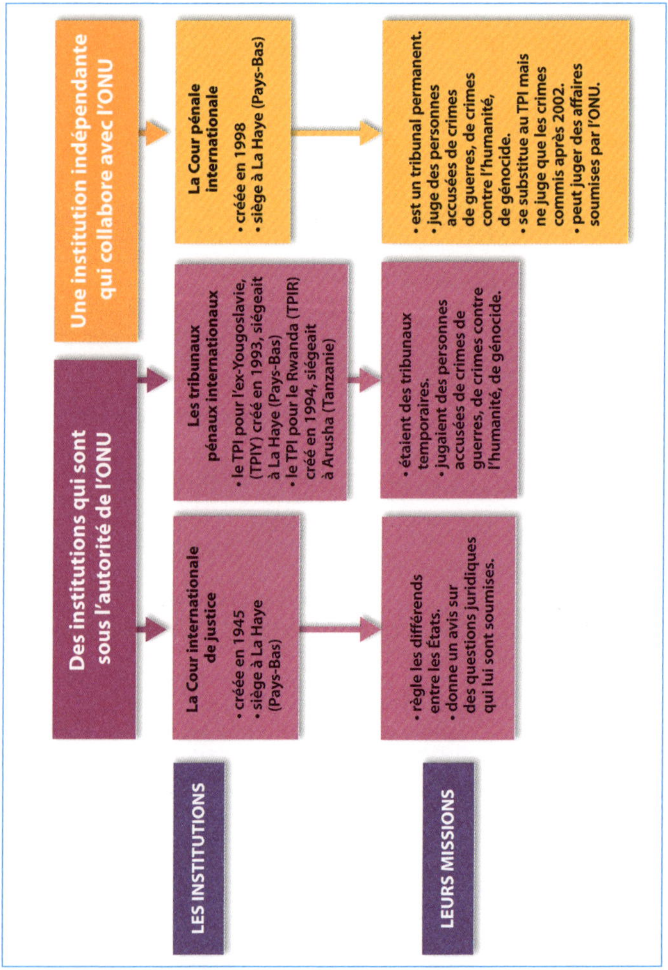

Les institutions et les missions de la justice internationale.

Les tribunaux pénaux internationaux sont les héritiers directs du tribunal de Nuremberg. Ce sont des institutions temporaires, créées le temps de juger les responsables de crimes pendant les guerres en ex-Yougoslavie et au Rwanda. La Cour pénale internationale peut être considérée comme leur successeur. C'est un tribunal permanent, qui remplace les tribunaux pénaux internationaux pour les crimes commis depuis 2002. Son action est cependant limitée car plusieurs pays importants (États-Unis, Russie) ne reconnaissent pas son autorité.

Histoire et mémoires

CARTE 1

Pourquoi la majorité des historiens est-elle opposée aux lois mémorielles ?

→ Fiche 27

CARTE 2

Où et comment l'idée d'une justice pénale internationale s'est-elle concrétisée ?

→ Fiche 28

CARTE 3

Qui porte la responsabilité du déclenchement de la Première Guerre mondiale selon les traités de paix signés en 1919 ?

→ Fiche 29

CARTE 4

Comment les historiens contemporains analysent-ils le déclenchement de la Première Guerre mondiale ?

→ Fiche 29

CARTE 5

Comment la perception de la guerre d'Algérie a-t-elle évolué dans la mémoire collective française ?

→ Fiche 30

CARTE 6

Pourquoi les mémoires de la guerre d'Algérie constituent-elles un enjeu important pour le FLN algérien ?

→ Fiche 30

Vu !

Réponses

CARTE 1

Une grande partie de la communauté historienne est hostile aux lois mémorielles imposées par les pouvoirs publics. Elle juge en effet qu'il est **anormal d'imposer**, particulièrement dans les pays qui se disent démocratiques, **une vision et une écriture officielles** de l'histoire.

CARTE 2

Elle s'est concrétisée au procès de Nuremberg (1945-46) qui met en place l'**imprescriptibilité des crimes contre l'humanité**, condamnant de fait tous les systèmes ultérieurs qui pourraient commettre le même type de crimes que le nazisme.

CARTE 3

À la fin de la guerre, les enjeux de la responsabilité de la guerre deviennent essentiels. Les vainqueurs parviennent à faire admettre **la responsabilité unilatérale de l'Allemagne** par l'article 231 du traité de Versailles.

CARTE 4

Les travaux des historiens et particulièrement ceux de Jean-Jacques Becker sont grandement à l'origine de la **position nuancée** qui prévaut largement aujourd'hui : l'Allemagne est bien à l'origine immédiate de la guerre mais **la responsabilité globale du conflit est collective**.

CARTE 5

La guerre a été **occultée** puis sa mémoire a été en grande partie **refoulée**. Aujourd'hui, la guerre d'Algérie **s'inscrit** durablement dans la **mémoire collective** ainsi que dans le **paysage quotidien français** (monuments, plaques, noms de rue).

CARTE 6

Le FLN (Front de libération nationale) qui prend la tête de l'Algérie indépendante en 1962 veut apparaître comme l'acteur unique ayant mené le peuple à la victoire. Le FLN fonde ainsi sa légitimité en imposant une **version officielle de l'histoire**.

Histoire et mémoires

CARTE 1

Pourquoi les tribunaux *gacaca* ont-ils été créés au Rwanda à partir de 2005 ?

→ Fiche 31

CARTE 2

Quel est le bilan de l'action des tribunaux *gacaca* au Rwanda entre 2005 et 2012 ?

→ Fiche 31

CARTE 3

Pour quelles raisons le tribunal pénal international pour l'ex-Yougoslavie a-t-il été institué ?

→ Fiche 32

CARTE 4

Pourquoi est-il difficile de constituer de lieux de mémoire du génocide des Juifs et des Tsiganes ?

→ Fiche 33

CARTE 5

Quelle est la postérité juridique du tribunal de Nuremberg ?

→ Fiche 34

CARTE 6

Comment la littérature et le cinéma ont-ils réussi à mettre des noms sur le concept « indicible » de génocide ?

→ Fiche 35

Vu !

Réponses

CARTE 1

Les tribunaux *gacaca* sont créés afin de **pallier la lenteur et l'inefficacité du Tribunal pénal international pour le Rwanda** (TPIR) institué par l'ONU dans le but de juger les crimes contre l'humanité commis lors du génocide de 1994.

CARTE 2

Entre 2005 et 2012, les 12 000 tribunaux *gacaca* parviennent à **juger près de 2 millions de personnes** et à en condamner environ les deux tiers. Leur action a permis d'**enrayer la spirale de la haine et de la vengeance**.

CARTE 3

Il a été institué pour juger les **criminels responsables de crimes de guerre, de crime contre l'humanité, de génocide** pendant la guerre en ex-Yougoslavie. **Son action efficace** a abouti, entre autres, à la condamnation à la prison à perpétuité de Radovan Karadžić.

CARTE 4

Les nazis ont voulu **détruire le plus de traces possible de leurs crimes**. Ainsi il n'existe quasiment **aucune archive directe** du génocide du plus grand centre d'extermination européen (Auschwitz-Birkenau). **Les preuves de la réalité du génocide sont avant tout indirectes :** photographies, récits…

CARTE 5

À partir de 1948, il n'est plus possible de concevoir, dans **un monde coupé idéologiquement en deux**, une justice internationale sereine et impartiale. Il faut attendre la **fin de la guerre froide** pour qu'à nouveau soient créés avec succès des **tribunaux pénaux internationaux**.

CARTE 6

Le mot « **Holocauste** » employé par l'**écrivain Elie Wiesel** dans *La Nuit* est le premier retenu pour désigner le génocide des Juifs, particulièrement dans les pays anglo-saxons. **Le terme hébreu « Shoah »** (catastrophe), titre du film de Claude Lanzmann, à la connotation moins religieuse et plus universelle, finit par le supplanter.

L'évolution de la notion de patrimoine

Fiche 39

La notion de patrimoine est **une notion relative**. Elle recouvre **un champ de plus en plus large** (matériel, immatériel), **dans le temps** (du plus ancien au plus récent) et **dans l'espace** (le monde). Chaque génération tend à en préciser les limites.

1 La « patrimonialisation » du monde

A. D'un concept occidental à un concept universel

■ Le terme romain *« patrimonium »* désigne l'ensemble des biens hérités du père. Il entretient l'idée de légitimité familiale. En France, la notion de patrimoine s'élabore au moment de la Révolution française : progressivement se développe le principe d'un patrimoine supérieur aux vicissitudes de l'histoire et **digne d'échapper à la destruction**, soit du fait de la valeur des œuvres menacées, soit du fait de l'intérêt pour l'éducation et l'histoire.

■ Relevant d'une lecture commune dans la majorité des pays d'Europe, le patrimoine est devenu **une notion planétaire** et confronte tous les pays du monde aux mêmes questions. On assiste en quelque sorte à la patrimonialisation du monde.

B. Les conventions internationales

■ La Convention sur le **patrimoine mondial** de l'humanité de 1972 est élaborée sous l'égide de l'**Unesco** (192 États signataires en 2020). Elle cherche à faire du patrimoine un élément de rapprochement entre les peuples. Son action vise, au départ, à la préservation du patrimoine monumental classique (« les vestiges remarquables du passé national »).

■ La Convention de 2003 sur le patrimoine immatériel montre que l'organisation internationale a progressivement intégré dans le champ patrimonial l'ensemble des savoirs et des pratiques culturelles d'un patrimoine qui couvre des **domaines de plus en plus larges**. Elle y inclut désormais les rituels, les jeux, les savoir-faire artisanaux, les espaces de sociabilité, l'ensemble des pratiques alimentaires ainsi que les arts du spectacle.

Mot-clé

Patrimoine immatériel : notion récente qui recouvre ce qui se transmet dans le domaine des traditions et expressions orales, pratiques sociales, rituels, fêtes, connaissances et techniques.

Vu !

2 Les enjeux contemporains

A. Une diversification patrimoniale limitée

■ Depuis 1978, le nombre de pays possédant au moins un bien inscrit au patrimoine mondial a **considérablement augmenté**. Ils sont aujourd'hui 167 États, sur les 192 signataires de la Convention.

■ Les pays européens concentrent encore la majorité des biens inscrits au patrimoine mondial : **l'Italie et la Chine** sont les États qui en possèdent le plus grand nombre (55), suivis par l'Espagne (48), l'Allemagne (46) et la France (45). La domination européenne est écrasante en ce qui concerne les biens culturels, quand l'Asie possède la première place concernant les sites naturels.

B. Le patrimoine générateur de divisions

■ Le patrimoine peut devenir un enjeu de propriété, de classement, de choix économique, politique ou civique, touristique ou financier. Lorsque les situations locales sont particulièrement conflictuelles, le patrimoine peut être convoqué pour **affirmer nationalisme et identité**. Il est alors **objet de conflits**, voire de guerres, comme l'ont montré les destructions opérées par les talibans. L'anéantissement des monuments de l'adversaire peut devenir un instrument de combat.

> **Mot-clé**
> **Taliban** : membre mouvement islan radical, au pouvoi Afghanistan de à 2001.

■ La mise en valeur de son propre patrimoine, l'affirmation de sa supériorité ou de son antériorité, deviennent des éléments essentiels de l'**affirmation de sa propre identité**, de son passé et donc de son présent. Le patrimoine peut donc être un élément d'union mais aussi de division.

À RETENIR

D'un concept occidental à un concept universel

→ **La notion de patrimoine est née en Europe** et concerne, au départ, « les vestiges remarquables du passé national ».

→ La Convention internationale de 2003 définit la notion de **patrimoine immatériel**.

Les enjeux contemporains

→ La mise en valeur du patrimoine participe à l'**affirmation de son identité**.

→ Le patrimoine peut être **objet de conflits**, voire de guerres.

Les usages du château de Versailles depuis l'Empire

Fiche 40

Considéré comme le symbole de l'absolutisme monarchique de l'Ancien Régime, le château de Versailles est peu à peu **délaissé au début du XIXe siècle**. En 1837, Louis-Philippe décide de **le transformer en musée**. Parallèlement, le château retrouve progressivement **un sens politique**.

1 Du palais royal au musée

A. Un symbole déchu de l'Ancien Régime

■ Lors de la Révolution, le château de Versailles est la cible des Parisiennes qui l'envahissent le 6 octobre 1789 pour réclamer du pain, obligeant Louis XVI à s'enfuir. Plutôt que de le détruire comme la Bastille, **les révolutionnaires le désacralisent**. Le Petit Trianon devient une salle de jeu et les jardins un potager où sont plantés des pommes de terre et des oignons.

■ Après son sacre en 1805, **Napoléon Ier** envisage de redonner au château son lustre d'antant et d'en faire la demeure de son fils, le prince impérial. Mais le coût trop élevé des travaux le décide à ne remettre qu'un seul bâtiment en état, le Grand Trianon, où séjourne, à partir de 1810, Marie-Louise, sa seconde épouse.

B. Louis-Philippe et le musée imaginaire de la monarchie

■ Proclamé roi des Français après la révolution de 1830, Louis-Philippe, monarque mal assuré dans sa légitimité mais fin politique, décide d'utiliser Versailles comme un moyen de **réconcilier la mémoire des Français**. Le château, quasiment à l'abandon, devient le musée de l'histoire de France. Il abrite **des centaines de tableaux** commandés aux grands peintres académiques de l'époque, retraçant les grands épisodes de la monarchie et de l'histoire de France.

■ À la fin du XIXe siècle, l'historien Pierre de Nolhac, devenu conservateur du musée, décide de lui redonner son caractère de **résidence royale**. Il réorganise les collections de tableaux et se lance dans une intense politique d'acquisition de mobilier pour recréer les anciens appartements royaux.

2 Un lieu emblématique des grands moments républicains

A. 1871-1879, Versailles capitale de la France

■ Le soulèvement de la Commune de Paris en mars 1871 oblige le gouvernement provisoire dirigé par Thiers à **se réfugier à**

Vu !

Versailles. Le chef de l'exécutif loge à la préfecture tandis que les députés de l'Assemblée constituante se réunissent au château. Ils y font construire la salle du Congrès pouvant réunir plus de 1 000 parlementaires.

■ Entre février et juillet 1875, c'est au château de Versailles que s'élaborent, dans la douleur, les lois qui serviront de Constitution à la IIIe République jusqu'en 1940. Les parlementaires ne quittent définitivement le château qu'en 1879 pour rejoindre Paris.

B. L'appropriation progressive par la République

■ La salle du Congrès accueille, à partir de 1879, tous les événements politiques nécessitant la réunion des deux chambres parlementaires (le Congrès), à savoir, sous les IIIe et IVe Républiques, l'élection du président de la République et, aujourd'hui, les modifications constitutionnelles qui ne passent pas par le référendum.

■ Après la victoire française de 1918, le château accueille les représentants du monde entier pour y négocier les traités de paix mettant fin à la Première Guerre mondiale.

■ La Ve République, sous l'impulsion du général de Gaulle, décide de faire de Versailles l'un des lieux les plus prestigieux de la République. Depuis les présidents y organisent des sommets internationaux (G7 en 1982) ou y reçoivent des hôtes exceptionnels (la reine d'Angleterre, des présidents américains comme Ronald Reagan, des dirigeants soviétiques comme Leonid Brejnev, etc.).

À RETENIR

Du palais royal au musée	→ Symbole de l'absolutisme, le château **se délabre** après la Révolution. → Louis-Philippe le transforme en **musée de l'histoire de France**.
L'appropriation progressive par la République	→ **La salle du Congrès** accueille, à partir de 1879, tous les événements politiques nécessitant de réunir les deux chambres parlementaires. → Le général de Gaulle décide de faire de Versailles l'un des lieux où se déroulent les **événements les plus prestigieux** de la République.

Les frises du Parthénon, un conflit de patrimoine

Fiche 41

En 1801, Lord Elgin parvient à faire **expédier à Londres** une grande partie des frises du Parthénon. Depuis qu'elle a recouvré son indépendance en 1833, **la Grèce n'a cessé de réclamer le retour de ces frises**, considérées comme **un patrimoine national inaliénable**.

1 Le Parthénon, emblème malmené de la puissance athénienne

A. Un symbole du siècle de Périclès

- En 449 avant J.-C., Périclès décide de reconstruire les monuments de l'Acropole qui avaient été détruits pendant les guerres médiques. **Le Parthénon**, temple dorique construit en marbre blanc et rehaussé de couleurs, devient alors **le monument le plus célèbre de l'Acropole**.
- Sculptées par Phidias et son atelier, les **frises des Panathénées** sont conçues pour constituer **une illustration idéologique** d'une cité en pleine puissance. On comprend mieux ainsi les enjeux patrimoniaux qu'elles vont susciter au moment de la renaissance de la Grèce moderne au XIXe siècle.

B. Une décadence liée aux aléas de l'histoire

- Devenu temple païen après la généralisation du christianisme à tout l'Empire romain, **le Parthénon change de fonction** à chaque nouvelle invasion (église chrétienne, puis orthodoxe, et enfin mosquée).
- Transformé en citadelle, le Parthénon est très gravement endommagé en septembre 1687. Il devient alors un lieu européen très couru, la mode aristocratique étant à la **glorification des ruines antiques** suscitant poésie et mélancolie.

2 De la sauvegarde en musée au conflit patrimonial

A. Le « sauvetage » controversé de Lord Elgin

- Vainqueurs des Ottomans en Égypte, les Anglais obtiennent en 1801 l'autorisation de pénétrer dans la citadelle du Parthénon pour y effectuer des moulages et **emporter les statues et vestiges** « se trouvant hors de l'enceinte ». Interprétant très librement l'autorisation donnée, l'ambassadeur anglais Lord Elgin parvient à faire transporter à Londres la grande majorité des sculptures

Vu !

et la moitié des frises avec l'idée d'en tirer profit en les vendant ultérieurement.

■ Dès 1816, la plupart des acquisitions de Lord Elgin sont transférées au British Museum qui les met progressivement en valeur. Une salle spéciale permettant d'admirer les frises est inaugurée en 1860 et devient l'un des lieux les plus fréquentés du musée.

B. De la nostalgie romantique au conflit patrimonial

■ Au cœur de la vague romantique des années 1820, le combat de la Grèce pour s'émanciper du joug ottoman suscite une vague de philhellénisme. Le poète Lord Byron, notamment, s'insurge contre le « vol » des frises du Parthénon et s'engage aux côtés des insurgés grecs.

■ Après la proclamation de la nouvelle nation grecque en 1833, le Parthénon devient le symbole de son passé antique prestigieux. Sa restauration, débutée au tournant du XXe siècle, fait ressurgir la question des frises et des statues exposées au British Museum qui tourne peu à peu au conflit patrimonial. Il éclate au grand jour dans les années 1980 quand la célèbre actrice Mélina Mercouri, devenue ministre grecque de la Culture, réclame avec insistance le retour des frises à Athènes.

Mot-clé

Philhellénisme : mouvement d'a morale, matérielle et militaire Grecs pendant leur guerre d'in pendance (1821-1829) contre Ottomans.

■ Jusqu'à ce jour, le British Museum a refusé la restitution, arguant du fait que ces objets ont été acquis régulièrement et que, faisant partie du patrimoine mondial, c'est à Londres qu'ils sont « le plus largement accessibles au public ».

À RETENIR

Un emblème malmené de la puissance athénienne

→ Les frises des Panathénées symbolisent la puissance athénienne antique.

→ Elles sont en partie transférées au British Museum au début du XIXe siècle.

Un enjeu patrimonial conflictuel

→ La Grèce réclame le retour des frises, considérées comme un patrimoine national inaliénable.

→ Le British Museum considère qu'elles ont été acquises légalement et appartiennent au patrimoine mondial.

Paris, entre protection et nouvel urbanisme

Fiche 42

Le centre historique de Paris témoigne des **choix patrimoniaux du pouvoir politique** faits au cours des âges. Aujourd'hui, le patrimoine parisien est **confronté à la réalité des mutations urbaines :** protégé, il doit aussi s'adapter aux enjeux contemporains.

1 Paris, un patrimoine unique lié au pouvoir politique

A. Une ville progressivement modelée

■ **Conserver ou non l'urbanisme ancien** du centre historique est le résultat d'**arbitrages** qui, pour chaque époque, relèvent d'un sens profond. Il s'agit souvent de célébrer les grands moments de l'histoire politique nationale (monarchie, révolutions, républiques) et de transformer la destination des bâtiments en leur conférant un sens conforme aux exigences du moment.

■ Dès le VIe siècle, la ville de Paris devient **capitale royale**. Elle ne connaît cependant un essor important qu'à partir du milieu du Moyen Âge. Le roi Philippe Auguste (1180-1223) fait bâtir le premier **palais du Louvre** ainsi qu'une enceinte fortifiée.

■ À partir du XVIIe siècle, les rois de France embellissent la ville. Malgré l'abandon de Paris par la monarchie au bénéfice de **Versailles**, la ville poursuit son développement et ses transformations.

B. L'accélération de la période contemporaine

■ La modernisation de Paris est l'œuvre du **pouvoir politique**, symbolisé par le **baron Haussmann** sous Napoléon III. Il rase des quartiers entiers et perce de grandes avenues et de larges boulevards.

■ Les **secteurs sauvegardés**, protégés par la loi du 4 août 1962 (loi Malraux), ne peuvent être transformés sans l'autorisation des pouvoirs publics. La ville témoigne ainsi des usages successifs que chaque époque attribue au patrimoine des périodes précédentes. Par exemple, en 1971, sont détruites les Halles Baltard, symbole de l'architecture de fer du XIXe siècle. Les protestations sont si vives que des bâtiments destinés eux aussi à être détruits sont sauvés, comme la gare d'Orsay, transformée en musée.

> **Mot-clé**
>
> **Haussmannisation :** politique de grands travaux constituant une modernisation globale sans précédent de Paris (assainissement, circulation, parure monumentale) décidée par Napoléon III et menée à bien par le préfet de la Seine, le baron Haussmann.

2 Les enjeux contemporains du patrimoine parisien

A. Entretien et restauration

■ La richesse du patrimoine parisien est un atout majeur, valorisé pour répondre aux besoins de **30 millions de touristes** par an (dont deux tiers d'étrangers).

■ Cependant, outre l'entretien constant nécessaire pour éviter une dégradation progressive et irréversible, le patrimoine monumental est l'objet de **restaurations régulières** qui impliquent **des dépenses importantes**.

■ L'État cherche à transférer certains monuments historiques aux **collectivités territoriales** et recherche de nouvelles voies pour valoriser le patrimoine et rentabiliser sa gestion. Mais cette politique est contestée par ceux qui pensent que la propriété des lieux chargés d'histoire et de mémoire doit rester **inaliénable** pour assurer leur transmission aux générations futures.

B. Défense du patrimoine « familier »

■ Introduite dans le plan local d'urbanisme en 2005, la notion de **patrimoine « familier »** semble un moyen efficace de conserver la physionomie actuelle de Paris sans empêcher la ville de se renouveler et d'évoluer.

■ Il s'agit de protéger des éléments patrimoniaux courants (maisons de faubourg, escaliers anciens, cours intérieures, etc.) qui ne sont pas considérés par l'État comme des monuments historiques. Cette PVP (Protection Ville de Paris) permet aujourd'hui la sauvegarde d'environ 10 % du territoire parisien. Paris est sans cesse confrontée au choix à faire entre **ville patrimoine et ville vivante**.

À RETENIR

Un patrimoine lié au pouvoir politique

→ Le patrimoine parisien est le résultat d'**arbitrages** réalisés à chaque époque.

→ **L'haussmannisation** est la politique de transformation la plus visible, encore aujourd'hui.

Les enjeux contemporains

→ Le patrimoine est l'objet de restaurations régulières impliquant des **dépenses importantes**.

→ La PVP (Protection Ville de Paris) permet aujourd'hui la sauvegarde du **patrimoine « familier »**.

Le patrimoine au Mali, un enjeu géopolitique

Fiche 43

De son passé prestigieux, l'actuel Mali a conservé **des monuments et des sites exceptionnels** inscrits au patrimoine mondial de l'humanité. Délaissé par un État qui peine à l'entretenir, ce patrimoine subit les **conséquences des violences intracommunautaires**.

1 Un patrimoine unique et théoriquement protégé

A. Le Mali, un pays au riche passé

■ En Afrique de l'Ouest, l'empire du Ghana se développe au VIIIe siècle. Au XIe siècle, il éclate en petits royaumes rivaux que **Soundiata Keita** (1230-1255) parvient à réunifier et à agrandir. Il bâtit le puissant empire du Mali.

■ Les relations avec le monde arabo-musulman s'accompagnent de l'essor des villes sahéliennes comme Tombouctou. Gagné progressivement par l'islam, le Mali prospère grâce au **commerce** qui le met en relation avec les Berbères au Soudan et les Arabes installés sur les côtes de l'Afrique orientale.

B. Quatre inscriptions au patrimoine mondial de l'humanité

■ Signataire de la Convention pour la protection du patrimoine mondial dès 1977, le Mali voit son **premier site classé en 1988**. Aujourd'hui, il en compte quatre : la mosquée de Djenné, les tombeaux des Askia, Tombouctou et la falaise de Bandiagara.

■ La **mosquée de Djenné** est l'un des principaux vestiges de l'empire du Mali. C'est l'une des plus imposantes constructions en brique de terre du monde, nécessitant un entretien constant.

■ Régulièrement entretenu depuis le XVIe siècle, le **tombeau des Askia à Gao** commémore la prise du pouvoir en 1492 par Mamadou Touré, fondateur de la dynastie des Askia.

■ Située sur une boucle du Niger, la cité de **Tombouctou** devient au XVIe siècle la capitale culturelle et la ville sainte (« la ville aux 333 saints ») de l'Afrique de l'Ouest.

La mosquée Djingareyber de Tombouctou, protégée par des soldats français en 2015.

2 Un patrimoine menacé de toute part

A. Un patrimoine en partie à l'abandon

■ Le Mali ne consacre annuellement qu'une dizaine de millions d'euros à la culture, dont moins de la moitié est destinée au patrimoine. À cause de la guerre civile, **l'entretien des monuments n'est plus correctement assuré** et dans les zones de conflit, leur accès n'est même plus possible.

■ Prisonnier de **luttes ethniques**, le Mali peine à développer **une identité culturelle commune**. Bon nombre de Maliens semblent indifférents aux enjeux patrimoniaux de leur pays. « Il y a une question sur l'appropriation du patrimoine. [...] Quand l'Histoire paraît lointaine, ça ne prend pas pied dans leur quotidien », analyse un universitaire de Bamako.

B. Un patrimoine enjeu géopolitique

■ En 2012, sur ordre d'Aqmi (Al-Qaïda au Maghreb islamique), plusieurs mausolées de Tombouctou, classés au patrimoine mondial, sont détruits par Abou Tourab sous le prétexte d'être impies. Arrêté par des militaires français lors de l'opération Barkhane, le djihadiste comparaît en 2016 devant la Cour pénale internationale qui le condamne à 9 ans d'emprisonnement. Après le verdict, la secrétaire générale de l'Unesco a estimé que « **les attaques envers la culture sont devenues des armes de guerre**, dans une stratégie de **nettoyage culturel** ».

■ Placée sur la liste du patrimoine mondial en péril, la ville de Tombouctou reçoit, depuis 2013, une aide de l'Unesco permettant la reconstruction des monuments détruits par les djihadistes. En parallèle, les forces de maintien de la paix ont intégré dans leur mission la **protection des sites culturels**. Mais celle-ci passe après toutes les autres missions qui leur incombent.

À RETENIR

Un patrimoine en partie à l'abandon

→ Un État **incapable de financer l'entretien** de son patrimoine.

→ Un **patrimoine inaccessible** dans les zones de guerre civile.

Un patrimoine constituant un enjeu géopolitique

→ La **destruction par Aqmi** de plusieurs mausolées de Tombouctou, classés au patrimoine mondial.

→ La **protection des sites culturels** par les forces de maintien de la paix.

Venise, entre valorisation et protection

Fiche 44

Depuis les années 1970, la **dégradation accélérée du patrimoine vénitien**, menacé par les ravages du tourisme de masse et la montée des eaux, fait craindre le pire à Venise, malgré les **gigantesques travaux de sauvetage** entrepris et l'abondance de l'aide internationale, plus particulièrement de l'Unesco.

1 Venise, un patrimoine unique au monde

A. Une ville puissante sur l'eau

■ Les fleuves et les torrents dévalant des Alpes ont créé un delta complexe troué de lagunes dont la ville a su tirer parti, ainsi que de sa situation au fond de l'Adriatique. Venise est construite sur plus de **cent îles** autour d'un ancien méandre, le **Grand Canal**, rejoint par une multitude de canaux.

■ À partir du XIIIe siècle, la **puissance commerciale** de la ville explique sa grande richesse. Son architecture a su adapter les spécificités du site et les apports artistiques des cultures rencontrées.

B. Une ville « musée »

■ La découverte des Amériques, en détournant le commerce européen de la Méditerranée vers l'Atlantique, porte **un coup fatal** à son développement économique. Occupée par la France de 1797 à 1814 puis sous domination autrichienne, la ville-État est finalement rattachée à l'Italie naissante en 1866.

■ Au XIXe siècle, Venise devient **le rendez-vous des artistes** et des « pèlerins du beau ». Goethe, Chateaubriand, Byron, Musset y font de longs séjours. Se vidant peu à peu de ses habitants (175 000 en 1950, 55 000 aujourd'hui), Venise devient progressivement **une ville « musée »**.

2 Venise, un patrimoine menacé

A. Un patrimoine de plus en plus dégradé

■ Depuis les années 1950, l'affaissement progressif de la lagune s'est accéléré et la ville, construite sur pilotis, descend « naturellement » d'environ deux centimètres par an, obligeant à **d'incessants travaux de consolidation** des fondations pour éviter un effondrement général.

Vu !

- Le développement industriel de la ville voisine de Mestre, conjugué aux 30 millions de visiteurs annuels, dégrade continuellement la qualité des eaux de la lagune. Les **grands paquebots**, autorisés à naviguer au plus près de la place Saint-Marc, accélèrent la fragilisation des fondations des bâtiments.

- La ville est par ailleurs victime de l'*acqua alta*. Ces inondations régulières (une vingtaine depuis 1918) contribuent au délabrement des bâtiments, la **corrosion saline** s'infiltrant jusqu'aux charpentes de certains monuments.

> **Mot-clé**
>
> ***Acqua alta*** **:** « haute eau ». Inondati[ons] maritimes récurrentes de l'autom[ne] au printemps faisant monter les e[aux] jusqu'à parfois près de 2 mètres com[me] en 1966 et en 2019.

B. Une sauvegarde aux résultats incertains

- En 1973, une **loi spéciale** est votée par le Parlement italien pour essayer de sauver Venise. Dans la foulée, l'Unesco débloque **des fonds considérables** et décide de faire du sauvetage de Venise un enjeu planétaire.

- Conçu dès 1992 et mis en chantier en 2003, le **projet Mose**, un immense barrage mobile permettant de réguler la montée des eaux dans la lagune, n'est pas encore terminé, victime de complications techniques et de gigantesques détournements de fonds.

- Entre une dégradation irréversible de son patrimoine et sa protection en urgence conduisant à la **restriction du tourisme**, sa ressource principale, Venise ne semble toujours pas en mesure de résoudre cette équation difficile. À tel point que l'Unesco a menacé d'inscrire la ville sur la liste du **patrimoine mondial en péril**.

À RETENIR

Un patrimoine de plus en plus dégradé

→ L'***acqua alta*** contribue au délabrement des bâtiments.

→ Le **tourisme de masse** accélère la fragilisation des fondations.

Une sauvegarde aux résultats incertains

→ En 1973, une **loi spéciale** est votée par le Parlement italien pour essayer de sauver Venise.

→ Conçu dès 1992, le projet Mose destiné à protéger la lagune n'est **toujours pas opérationnel**.

La gestion du patrimoine français

Fiche 45

À partir de la Révolution française s'imposent peu à peu les notions de « monument historique » et d'« œuvre d'art », traduites dans la **loi de 1913**. Dans les années 1960, ces notions s'élargissent considérablement, particulièrement sous l'impulsion d'**André Malraux**.

1 La naissance d'une politique du patrimoine

A. Une prise de conscience patrimoniale

- Dans les années 1830, les créations successives du poste d'inspecteur général des monuments historiques et de la commission du même nom témoignent de l'importance que prend progressivement la **redécouverte** du passé architectural français.
- Cette commission doit recenser les monuments anciens emblématiques de l'histoire de France qu'il convient de **protéger**, voire de restaurer.

B. La traduction dans la loi

- La **loi de 1913** clarifie le rôle de l'État dans la préservation du patrimoine. Désormais, tout bâtiment ou objet « d'intérêt public » peut être protégé, même s'il appartient à un particulier qui ne peut plus opérer de travaux sans une autorisation préalable et la surveillance des architectes des monuments historiques.
- En 1927, la création de « l'Inventaire supplémentaire des monuments historiques » permet d'étendre la protection au niveau local et de sauver un patrimoine moins prestigieux, souvent méconnu et délaissé. Près de **20 000 édifices et objets** sont classés à la fin des années 1920.

2 Du patrimoine aux patrimoines

A. André Malraux et « l'invention contemporaine du patrimoine »

- En nommant en 1959 au ministère des Affaires culturelles le résistant **André Malraux**, écrivain et intellectuel mondialement reconnu, et en le maintenant à son poste jusqu'en 1969, **de Gaulle** modifie profondément la politique culturelle de la France.
- Outre l'activité législative (loi de 1962 sur les secteurs sauvegardés), c'est l'**Inventaire général** des monuments et des richesses

Vu !

artistiques qui symbolise le mieux la nouveauté de la démarche entreprise. Il s'agissait, selon son directeur André Chastel, d'« identifier tout ce qui est repérable sur le terrain, de manière à provoquer une prise de conscience des populations intéressées et de classer les édifices et objets afin de les introduire dans la mémoire nationale ».

■ Pour Malraux, **la création contemporaine** fait partie intégrante du patrimoine, y compris celle qui peut paraître comme « sacrilège » par rapport au passé. Ainsi il n'hésite pas à faire appel au peintre Marc Chagall lors de la réfection du plafond de l'opéra Garnier de Paris, datant du Second Empire.

B. Les évolutions contemporaines

■ Ministre de la Culture de 1981 à 1986 et de 1988 à 1993, **Jack Lang** élargit encore plus la notion de patrimoine. Désormais, elle s'ouvre à l'architecture contemporaine, aux vestiges industriels, aux jardins et aux paysages, à la photographie, au cinéma, au livre, à la bande dessinée et à l'audiovisuel. Ainsi le **Code du patrimoine** intègre-t-il les lois de 1993 sur les « Zones de protection du patrimoine architectural urbain et paysager » permettant d'élargir les zones protégées au-delà du monument et des abords.

■ « La métamorphose de la notion de patrimoine a fait de lui [...] le contraire de ce qu'il était : du plus élevé et du plus rare de la création, il est passé au quotidien le plus traditionnel », analyse l'historien Dominique Poulot. La prise en compte du **patrimoine immatériel** accélère le glissement de la notion vers « le pluriel, le mémoriel, le communautaire ». Le patrimoine devient un **« fardeau financier »** absorbant plus d'un tiers du budget du ministère de la Culture.

À RETENIR

La naissance d'une politique patrimoniale

→ La **loi de 1913** définit le rôle de l'État dans la préservation du patrimoine.

→ **L'Inventaire supplémentaire des monuments historiques** de 1927 étend la protection du patrimoine au niveau local.

Les évolutions contemporaines

→ **André Malraux** élargit considérablement la notion de patrimoine (art contemporain).

→ **Jack Lang** ouvre le patrimoine aux vestiges industriels, aux paysages et aux biens immatériels.

Le Nord-Pas-de-Calais, de l'industrie au patrimoine

Fiche 46

À partir des années 1980, le Nord-Pas-de-Calais subit le démantèlement de ses industries traditionnelles, laissant derrière elles **des friches et un habitat ouvrier à l'abandon**. Vestiges d'une époque révolue, ils deviennent **un patrimoine à préserver**.

1 Les empreintes industrielles du Nord-Pas-de-Calais

A. La révolution industrielle, un facteur structurant

■ L'industrialisation du XIXe siècle entraîne un bouleversement des cadres de vie, des mentalités et des infrastructures. **De nouveaux paysages apparaissent.** La densité de population s'accroît et de nombreux pôles urbains se créent.

■ **La mémoire ouvrière** se forge à partir d'événements souvent violents ou tragiques : la grande grève de 1884 que décrit Zola dans *Germinal*, ou le millier de morts de la **tragédie de Courrières** en 1906, consécutive à un coup de grisou. Elle s'incarne pendant près de cent cinquante ans dans ces paysages urbains spécifiques.

B. Le déclin industriel, une perte d'identité

■ Dans le dernier quart du XXe siècle, **les crises industrielles se succèdent**. Le déclin charbonnier, amorcé dès 1960, s'accélère dans les années 1980. Le textile connaît une destinée parallèle.

■ L'effondrement industriel modifie profondément les dynamiques économiques et les paysages. L'ancien bassin houiller de Béthune, Bruay et Lens (capitale du charbon déchue), par exemple, se couvre ainsi de **friches industrielles**, tandis que les usines et les entrepôts de Roubaix sont laissés à l'abandon.

2 La patrimonialisation, une tentative de sauvetage de la mémoire régionale

A. Une nouvelle approche du patrimoine

■ Pendant longtemps, la notion de **« patrimoine industriel »** a désigné des bâtiments souvent anciens et particulièrement remarquables. Depuis les années 1970, elle s'est élargie à tout ce qui a permis l'édification de la société industrielle caractéristique du monde occidental des XIXe et XXe siècles.

Vu !

■ Ce type de patrimoine, au-delà de son intérêt la plupart du temps architectural, témoigne des réalités sociales et locales ayant marqué profondément les territoires.

B. Des patrimonialisations multiples

■ **La muséification.** La conversion en musées de bâtiments emblématiques a été la première piste explorée pour la sauvegarde du patrimoine industriel. Ainsi l'ancienne mine Delloye à Lewarde est-elle transformée, dès 1984, en centre historique minier qui allie la mémoire (exposition d'objets du quotidien) au ludique (le train de mine).

■ **La réhabilitation.** La transformation en logements, bureaux ou bâtiments publics est une solution souvent heureuse. Elle permet de sauver les édifices tout en concevant une nouvelle œuvre architecturale enracinée dans le présent. L'ancienne filature Roussel de Roubaix est ainsi réhabilitée en 1999 en bureaux et en studio de danse pour le Ballet du Nord. Dans ce cas, suivant l'expression de l'architecte Jean Nouvel, ces édifices « gagnent leur vie par eux-mêmes ».

■ **La dépatrimonialisation.** Lorsqu'une réhabilitation patrimoniale semble improbable, il faut recourir à des solutions innovantes. Ainsi le carreau de Nœux-les-Mines, près de Lens, a-t-il été reconverti depuis 1996 en base de loisirs (Loisinord) avec comme principale attraction une piste de ski synthétique aménagée sur le sommet d'un ancien terril dont elle perpétue indirectement la mémoire.

Mots-clés

Carreau de fosse : site surface où se trouve l'ac au puits de la mine ainsi tous les bâtiments et ins lations de récupération de traitement du charbo

Terril : monticule formé l'entassement des déb d'une mine.

À RETENIR

Les empreintes industrielles du Nord-Pas-de-Calais

→ Le Nord-Pas-de-Calais a été l'un des foyers majeurs de la révolution industrielle en France.

→ Celle-ci dessine pendant près de cent cinquante ans des paysages urbains spécifiques.

Patrimonialiser pour sauver la mémoire régionale

→ Le patrimoine industriel correspond à tout ce qui a permis l'édification de la société industrielle.

→ Sa sauvegarde prend de nombreuses formes : muséification, réhabilitation, voire dépatrimonialisation.

Le patrimoine immatériel et le rayonnement de la France

Fiche 47

Le **patrimoine immatériel** assure à la France **un rayonnement international** qui va au-delà de son poids strictement arithmétique. Ainsi, en 2010, la France obtient-elle l'inscription du « repas gastronomique des Français » au patrimoine mondial de l'Unesco.

1 La notoriété internationale du patrimoine immatériel français

A. Des facettes multiples

- La connaissance du patrimoine français dans le monde ne se limite pas à des **édifices prestigieux**, tels le Mont-Saint-Michel, les châteaux de Versailles et de la Loire, la tour Eiffel, l'Arc de triomphe et autres monuments parisiens, etc.
- Elle s'élargit à **tous les aspects de l'histoire du pays** (faits militaires, actes politiques, découvertes scientifiques, événements sociétaux, littérature, traditions gastronomiques, grands vins et multiples fromages).
- Dans le domaine artistique, la peinture et plus particulièrement l'**impressionnisme** (Cézanne, Monet ou Renoir) sont mondialement connus. Même Picasso (artiste espagnol qui a vécu en France de 1904 à sa mort, en 1973) est considéré comme appartenant au patrimoine français. En **littérature**, la France occupe une place majeure.

B. Les relais du rayonnement immatériel français

- Les 160 ambassades françaises participent au rayonnement français, en particulier grâce à leurs services culturels. Ceux-ci sont épaulés par les 800 centres de l'**Alliance française** répartis dans 136 pays et par le Bureau international de l'édition de livres français.
- L'exportation du **« mode de vie à la française »** joue un rôle majeur dans les secteurs de la restauration et de la gastronomie, de la mode, de la pâtisserie et de la boulangerie, de la viticulture (développement de la vigne aux États-Unis, en Afrique du Sud, en Australie). Autant de domaines où la présence française est identifiée et reconnue comme porteuse d'**une tradition d'excellence**.

Vu !

2 Une spécificité patrimoniale française : le repas gastronomique

A. La gastronomie, une invention récente

- Le mot « gastronomie » entre dans le dictionnaire de l'Académie française en 1835 comme « art de faire bonne chère ».
- La gastronomie est indissociable du repas, c'est-à-dire le moment, à heure fixe, où de la nourriture est consommée. Le repas gastronomique signifie aussi une forme particulière de convivialité : un accueil agréable, un environnement soigné, la qualité des produits cuisinés avec soin dans le cadre d'une tradition culinaire respectée ou réinventée.

B. Une inscription au patrimoine mondial de l'Unesco

- En 2007 est créée la Mission française du patrimoine et des cultures alimentaires (MFPCA) dans le but de valoriser la gastronomie française en la faisant inscrire au patrimoine mondial de l'Unesco. Le dossier de candidature, soigneusement monté, insiste sur la dimension culturelle du repas gastronomique, présenté comme une pratique sociale coutumière célébrant des moments privilégiés.
- En 2010, les experts du comité intergouvernemental de l'Unesco statuent favorablement à la demande de la France. Le repas gastronomique des Français est désormais inscrit au patrimoine immatériel mondial. Au-delà d'une reconnaissance historique et culturelle de première importance, la décision de l'organisation internationale doit beaucoup à l'argumentation française, soulignant les menaces qui pèsent sur cette pratique culturelle coutumière à cause de l'évolution des habitudes alimentaires (disparition des repas à heure fixe, *fast-food*, plats préparés, etc.).

À RETENIR

La notoriété du patrimoine immatériel français

→ Le patrimoine artistique et littéraire français est considérable.

→ L'exportation du « mode de vie à la française » joue un rôle majeur.

Le repas gastronomique

→ Il signifie une forme particulière de convivialité.

→ Il est inscrit au patrimoine immatériel mondial depuis 2010.

Schéma et carte pour la dissertation

Fiche 48

S'il n'y a pas de planisphère fourni, il est toujours possible d'illustrer la plupart des **sujets portant sur les évolutions des usages, des buts et des enjeux du patrimoine** par un schéma synthétique assez simple et facilement mémorisable.

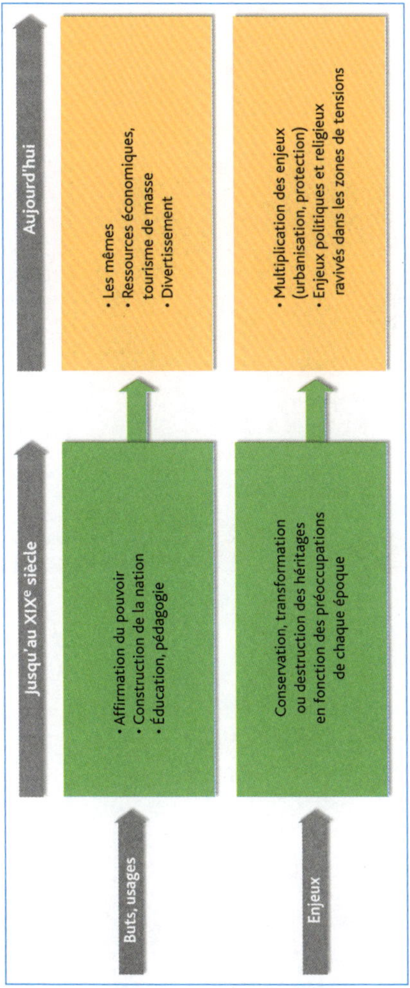

L'évolution des buts, usages et enjeux du patrimoine entre le XIXe siècle et aujourd'hui.

Ce schéma très synthétique souligne les mutations de la notion de patrimoine depuis deux siècles. Au départ concept presque exclusivement européen, il vise à la préservation du patrimoine monumental classique (« les vestiges remarquables du passé national »). Aujourd'hui, outre son aspect économique et identitaire, a été progressivement intégré dans le champ patrimonial l'ensemble des savoirs et des pratiques culturelles.

Vu !

Si un planisphère est fourni, il est possible d'illustrer la plupart des **sujets portant sur l'identification, la protection et la valorisation du patrimoine** par une carte assez facile à mémoriser concernant la répartition du Patrimoine mondial de l'humanité.

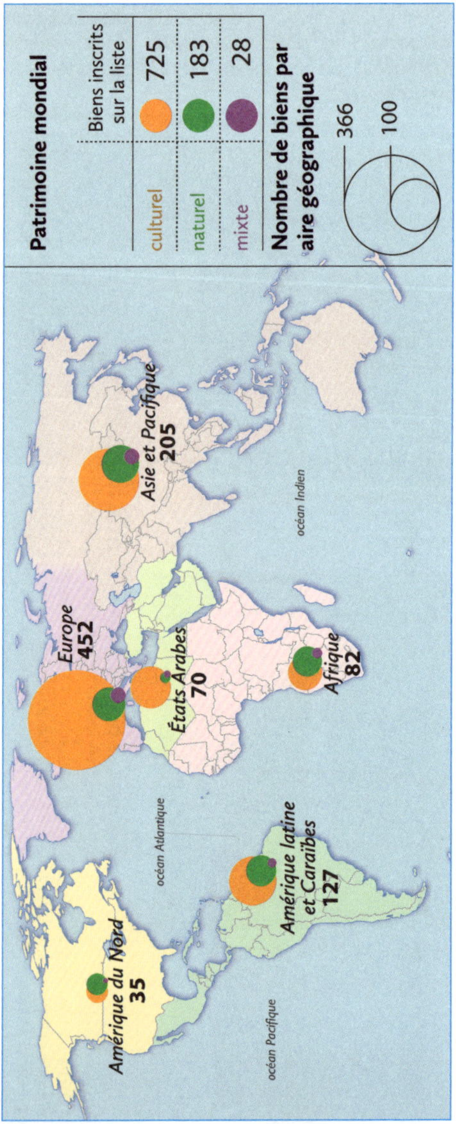

La répartition du Patrimoine mondial de l'humanité selon l'Unesco au milieu des années 2010.

Les pays européens concentrent encore la majorité du patrimoine mondial : l'Italie et la Chine sont les États qui en possèdent la plus grande partie suivis par l'Espagne, l'Allemagne et la France. La domination européenne est écrasante en ce qui concerne les biens culturels mais elle doit céder la première place à l'Asie pour les sites naturels.

Identifier, protéger et valoriser le patrimoine

CARTE 1

Qu'est-ce que le patrimoine immatériel ?

→ Fiche 39

CARTE 2

Pourquoi le patrimoine peut-il être une source de tensions, voire de conflits ?

→ Fiche 39

CARTE 3

Pourquoi le roi Louis-Philippe décide-t-il de réhabiliter le château de Versailles ?

→ Fiche 40

CARTE 4

Quel rôle politique le château de Versailles joue-t-il sous la Ve République ?

→ Fiche 40

CARTE 5

Pourquoi les frises des Panathénées sont-elles aujourd'hui un enjeu patrimonial conflictuel ?

→ Fiche 41

CARTE 6

En quoi la protection du patrimoine « familier » parisien est-il un enjeu patrimonial contemporain majeur ?

→ Fiche 42

Vu !

Réponses

CARTE 1

La notion de « patrimoine immatériel », récente, recouvre ce qui se transmet dans le domaine des **traditions et expressions orales, pratiques sociales, rituels, fêtes, connaissances et techniques**.

CARTE 2

Le patrimoine peut devenir un enjeu de propriété. Lorsque les situations locales sont particulièrement conflictuelles, **le patrimoine peut être instrumentalisé pour affirmer nationalisme et identité**. Il est alors **objet de conflits**, voire de guerres.

CARTE 3

Louis-Philippe décide d'utiliser Versailles comme **un moyen de réconcilier la mémoire des Français**. Le château, quasiment à l'abandon, est l'objet de grands travaux pour devenir **un musée de l'histoire de France**, célébrant la monarchie et la France éternelle.

CARTE 4

La Ve République décide de faire de Versailles **l'un des lieux les plus prestigieux de la République** : sommets internationaux (G7 en 1982) ou réception d'hôtes exceptionnels (la reine d'Angleterre, le président des États-Unis Ronald Reagan, le dirigeant soviétique Leonid Brejnev, etc.).

CARTE 5

La Grèce réclame le retour des frises, considérées comme un **patrimoine national inaliénable**. Le **British Museum** considère qu'elles ont été acquises légalement, qu'elles font partie du **patrimoine mondial** et que c'est à Londres qu'elles sont « le plus largement accessibles au public ».

CARTE 6

Le patrimoine « familier » est constitué d'éléments patrimoniaux courants que l'État ne considère pas comme des monuments historiques à conserver. Le protéger permet de **conserver la physionomie actuelle** de Paris sans empêcher la ville de se **renouveler et d'évoluer**.

Identifier, protéger et valoriser le patrimoine

CARTE 1

Pourquoi la ville de Tombouctou au Mali a-t-elle été inscrite sur la liste du patrimoine mondial en péril ?

→ Fiche 43

CARTE 2

Quelles sont les principales causes de la dégradation accélérée du patrimoine architectural vénitien ?

→ Fiche 44

CARTE 3

En quoi la loi de 1913 marque-t-elle une étape majeure dans la gestion du patrimoine français ?

→ Fiche 45

CARTE 4

Pourquoi la sauvegarde du patrimoine industriel du Nord-Pas-de-Calais est-elle un enjeu culturel majeur ?

→ Fiche 46

CARTE 5

Quels sont les différents moyens de sauvegarder le patrimoine industriel du Nord-Pas-de-Calais ?

→ Fiche 46

CARTE 6

Quelles sont les raisons qui ont poussé l'Unesco à inscrire le « repas gastronomique des Français » au patrimoine immatériel mondial en 2010 ?

→ Fiche 47

Réponses

CARTE 1

En 2012, **des mausolées de Tombouctou, classés au patrimoine mondial, sont détruits** par des djihadistes. Placée sur la liste du patrimoine mondial en péril, la ville de Tombouctou reçoit, depuis 2013, **une aide de l'Unesco pour la reconstruction de ces monuments**.

CARTE 2

Depuis les années 1970, la dégradation accélérée du patrimoine vénitien s'explique par les ravages du **tourisme de masse** et l'inexorable **montée des eaux** (affaissement de la lagune et phénomène d'*acqua alta*).

CARTE 3

Par la loi de 1913, **tout bâtiment ou objet « d'intérêt public » peut être protégé, même s'il appartient à un particulier** qui ne peut plus opérer de travaux sans une autorisation préalable et la surveillance des architectes des monuments historiques.

CARTE 4

Ce type de patrimoine, au-delà de son intérêt la plupart du temps architectural, témoigne des **réalités sociales et locales ayant marqué profondément les territoires**. Sa sauvegarde est celle de la mémoire industrielle de la région.

CARTE 5

Sa sauvegarde se pose **en termes inédits** : doit-on les figer comme témoignages (**muséification**) ou faut-il les réhabiliter, en leur trouvant **une nouvelle affectation** (logements, bureaux, loisirs) qui conserve si possible leur identité primitive ?

CARTE 6

L'Unesco a souligné sa dimension culturelle, présentée comme **une pratique sociale coutumière** célébrant des moments privilégiés, ainsi que **les menaces qui pèsent sur lui** à cause de l'évolution des habitudes alimentaires (*fast-food*, plats préparés, etc.).

Qu'est-ce que l'environnement ? (1)

Fiche 51

Dans son sens contemporain de « milieu de vie », le terme « environnement » n'entre dans le langage courant qu'à la fin du XXᵉ siècle. Mais il y prend très vite **une place majeure** tant ses significations s'élargissent rapidement.

1 Un terme d'abord rare et peu usité

A. De « ceindre » à « *to environ* »

- Au milieu du Moyen Âge, « environner », issu de l'ancien français *viron* (cercle), signifie **« faire le tour »**, « mettre autour de », « ceindre ». Vers 1300 apparaît le terme « environnement », qui exprime l'action d'entourer. Le mot disparaît de la langue française à la Renaissance.

- Le mot se maintient dans la **langue anglaise.** Au début du XVIIe siècle, l'*Oxford Standard Dictionnary* mentionne « environment » comme un dérivé du verbe « *to environ* » et lui donne le sens de **« ce qui nous entoure »**.

- Il faut attendre le XIXe siècle pour que son usage se répande dans le monde anglo-saxon et prenne la double acception de **« milieu dans lequel nous vivons »** et de « conditions extérieures capables d'agir sur le fonctionnement d'un système ». C'est à ce moment qu'il s'invite dans le discours scientifique et plus particulièrement géographique et biologique.

B. Paul Vidal de la Blache et l'environnement

- Le fondateur de l'école française de géographie, très au fait des travaux anglo-saxons, commence à utiliser ce terme dès les années 1910. Pour lui, l'environnement est « moins ce qui entoure que **ce qui inclut** ». Dans ce sens, il se rapproche de ce que pressent l'**écologie scientifique** naissante, particulièrement dans les travaux du biologiste allemand Ernst Haeckel.

- Dans son ouvrage posthume *Principes de géographie humaine*, Vidal de la Blache reprend plusieurs fois le terme d'« environnement » qu'il semble préférer à celui de **« milieu »**, mais c'est ce dernier mot qui a les faveurs des géographes, au moins jusqu'aux années 1970.

Vu !

2 Subitement tout devient « environnement »

A. Sommet de la Terre et environnement

■ C'est la première **conférence des Nations unies sur l'environnement**, qui se tient à **Stockholm en 1972**, qui popularise le terme en l'infléchissant nettement vers l'écologie.

■ L'environnement y est défini comme « l'ensemble des conditions naturelles et culturelles susceptibles d'agir sur les organismes vivants et les activités humaines ». Mais, pour le grand public, le terme devient synonyme des **nouveaux problèmes** qui touchent les sociétés des Trente Glorieuses (pollution, augmentation du risque industriel, etc.).

2. Un concept « fourre-tout » à la mode

■ En se réduisant progressivement à l'impact négatif des activités humaines sur les réalités biophysiques, le sens du mot « environnement » se détache rapidement de celui de « milieu ». Il acquiert ainsi **une autonomie lexicale** qui facilite son adoption populaire. Devenu un terme aux dimensions variables, il peut être compris et approprié par tout un chacun.

■ Le terme « environnement » **échappe à la communauté scientifique** et devient l'expression d'une prise de conscience des limites des sociétés industrielles et des problèmes qu'engendre, au final, une société qui se voyait moderne et « idéale ».

■ Plus le mot fait les gros titres des journaux et les délices des magazines scientifiques grand public (*Sciences et Vie* sort un épais numéro spécial « Environnement » dès 1974), plus **il est délaissé par les spécialistes** qui lui reprochent son imprécision grandissante et sa politisation progressive (« agir pour l'environnement », « sauver l'environnement »).

À RETENIR

Un terme d'abord rare

→ Le géographe **Paul Vidal de la Blache** introduit ce terme dans le langage scientifique vers 1910.

→ Jusqu'aux années 1970, les géographes lui préfèrent celui de **« milieu »**.

Un concept « fourre-tout » à la mode

→ C'est la **première conférence des Nations unies sur l'environnement (1972)** qui popularise le terme.

→ Passé dans le langage courant, il devient l'expression d'une prise de conscience des **limites des sociétés industrielles**.

Qu'est-ce que l'environnement ? (2)

Fiche 52

De nos jours, le terme « environnement » est chargé de connotations anthropiques. Plus qu'un concept, il devient l'un des **enjeux majeurs des interrogations que les sociétés actuelles portent sur leur identité et sur leur avenir.**

1 Historique des ruptures environnementales

A. Une interaction homme/environnement longtemps équilibrée

■ Les relations nourricières et conflictuelles entre les hommes et leur environnement remontent à la préhistoire. Pendant des millénaires, les hommes ont agi sur la nature (chasse, élevage, agriculture), qui elle-même agissait sur eux (climats, sols, aléas, etc.) sans que les **grands équilibres** soient rompus.

■ La conquête de l'Amérique, l'utilisation accrue des **énergies non renouvelables**, les **débuts de l'industrialisation** accentuent l'emprise de l'homme sur son milieu mais ne modifient pas fondamentalement les équilibres planétaires. La pollution des « pays noirs » anglais, intensément industrialisés, n'affecte qu'eux. La déforestation du territoire chinois sous la dynastie Qing ne bouleverse pas le climat européen.

B. La cassure de la Seconde Guerre mondiale

■ Après 1945, la croissance démographique et urbaine conjuguée aux révolutions technologiques qui se succèdent sans discontinuer **modifie irréversiblement les équilibres**.

■ Depuis une trentaine d'années, l'humanité **violente en permanence les dynamiques** globales de l'environnement. Elle épuise les ressources naturelles. Elle pollue les eaux, les sols et les airs. Elle perturbe la composition de l'atmosphère, favorisant ainsi le réchauffement climatique. Elle est à l'origine de la disparition de milliers d'espèces animales et végétales, réduisant la biodiversité.

2 Quelle gouvernance environnementale mondiale ?

A. Les différentes interdépendances des États

■ Depuis une trentaine d'années, des spécialistes montrent l'**interdépendance des États** face à la dégradation de l'environnement.

Vu

La notion de « *global commons* » s'est peu à peu imposée dans le discours public. Mais la préservation de ces biens ne peut passer que par **une action mondiale concertée** au sein d'organismes internationaux aux pouvoirs renforcés.

Mot-clé

« Global commons » : expression t[...] en vogue dans les pays anglo-saxo[...] utilisée comme synonyme d'« en[...]ronnement ». Elle désigne les bie[...] communs de l'humanité : l'atmo[...]phère, l'eau, les sols et la biodiversit[...]

B. Les institutions mondiales pour l'environnement

Depuis la Conférence de Stockholm en 1972, les Nations unies ont mis en place le **PNUE** et plusieurs des **Sommets de la Terre** décennaux, particulièrement celui de **Rio en 1992**, ont débouché sur des décisions concrètes. Mais les actions entreprises ne sont pas à la hauteur des défis.

Mot-clé

PNUE (Programme des Nations un[...] pour l'environnement) : sa missi[...] est d'encourager la coopération p[...] protéger l'environnement (publi[...]tion de rapports annuels, participati[...] à l'élaboration de textes fondame[...]taux tels l'Agenda 21, la Déclarati[...] de Stockholm, etc.).

En 2003, le principe d'**une gouvernance mondiale pour le climat** a été proposé par la France lors de la 48e assemblée générale des Nation unies. Il s'agirait de transformer le PNUE en ONUE (Organisation des Nations unies pour l'environnement) dotée de pouvoirs permanents afin d'incarner « une conscience écologique mondiale ». Ce projet semble loin d'aboutir tant les **réticences de certaines grandes puissances** (États-Unis, Chine) sont tenaces.

L'inauguration de la conférence sur le climat de Paris, en 2015.

À RETENIR

Historique des ruptures environnementales

→ Pendant des millénaires, les hommes ont agi sur la nature **sans que les grands équilibres soient rompus**.

→ Depuis près de trente ans, **l'humanité violente les dynamiques** de l'environnement.

Les institutions mondiales pour l'environnement

→ Les **Sommets de la Terre** décennaux ont débouché sur des décisions concrètes.

→ Le PNUE n'a qu'**une action limitée** et non contraignante.

La forêt française depuis Colbert

Fiche 53

L'ordonnance de Louis XIV de 1669, initiée par Colbert, inaugure **une nouvelle politique d'État** visant à la protection de la forêt, poursuivie jusqu'à nos jours. Depuis 1850, la superficie de la forêt française a doublé.

1 Le paysage français longtemps dominant

A. La *silva*, élément fondamental de la société rurale

- En raison des droits d'usage, la forêt est intensément exploitée. Ces **compléments de ressources** sont indispensables aux sociétés rurales de l'Ancien Régime.
- Les **différends entre les seigneurs et les paysans** sont quotidiens en ce qui concerne les ressources forestières, les premiers tentant, par tous les moyens, d'en limiter la surexploitation par les seconds.

Mot-clé

Droit d'usage : mise à la disposition de la communauté rurale de certains biens seigneuriaux. Ce droit concerne largement les ressources forestières : ramassage et coupe de bois mort, pacage (action de faire paître des troupeaux dans les bois seigneuriaux) et glandée (pacage des porcs dans les bois pour qu'ils mangent des glands).

B. Une dégradation continue jusqu'au XIXᵉ siècle

- Avec l'augmentation continue de la population depuis le Moyen Âge, l'homme a besoin d'un espace sédentaire sans cesse croissant (défrichements) ainsi que de bois de chauffage et de construction. Les innombrables guerres exigent toujours plus de gros bois (construction de bateaux, etc.). Jusqu'au XIXᵉ siècle, **la forêt de ne cesse reculer**.
- **L'ordonnance de 1669** préparée par Colbert s'inscrit dans la continuité de lois antérieures (la première ordonnance date de 1346). Elle constitue une étape majeure dans la conservation du patrimoine sylvestre en **réglementant strictement l'exploitation** et la coupe des bois. Elle est toujours à la base du droit forestier contemporain.

2 Une ressource aujourd'hui en renaissance, encadrée et réglementée

A Le tournant du XIXᵉ siècle

- Dès 1824, la création de l'École forestière de Nancy (aujourd'hui École nationale des eaux et forêts) permet de former des personnels

Vu

aux techniques de la protection et de l'amélioration sylvicoles. Le code forestier de 1827 reprend et étend la réglementation de l'ordonnance de 1669. Désormais les anciens droits d'usage sont strictement interdits.

■ S'étendant sur près de 3 millions d'hectares, la politique de reboisement concerne aussi bien les forêts dégradées que la conquête de nouveaux espaces gagnés sur les marais et les landes. La volonté personnelle de Napoléon III donne une impulsion décisive à cette politique, particulièrement dans le département des Landes (loi de 1857) qui devient la plus vaste forêt d'Europe occidentale.

B. La période contemporaine

■ Après la Seconde Guerre mondiale, la sylviculture bénéfice de la mécanisation de l'agriculture et de l'amélioration génétique. Elle voit ses rendements augmenter et, grâce au Fonds forestier national créé en 1946, ses productions sont de mieux en mieux adaptées à la demande (bois pour pâte à papier, ameublement, charpentes, etc.).

> **Mot-clé**
>
> **Sylviculture :** ensemble techniques permettant gestion rationnelle des for afin d'en préserver le pot tiel et l'intérêt économiqu

■ Même si la surface forestière a plus que doublé depuis 150 ans, la forêt a été profondément mutilée par les deux guerres mondiales et en partie ravagée par de graves catastrophes naturelles (gigantesques incendies dans les Landes en 1944 et 1949, sécheresse dans les Vosges en 1948, tempêtes de décembre 1999, etc.). Elle subit aussi aujourd'hui les conséquences de l'augmentation de la pollution de l'air et du réchauffement climatique.

À RETENIR

Le paysage français longtemps dominant

→ La forêt est **un élément fondamental** de la société rurale.

→ L'**ordonnance de Colbert** (1669) est à la base du droit forestier contemporain.

Une ressource encadrée et réglementée

→ Le **code forestier de 1827** reprend et étend la réglementation de l'ordonnance de 1669.

→ La surface forestière a plus que **doublé depuis 150 ans.**

Les « révolutions » néolithique et industrielle

Fiche 54

Dans le langage courant, une révolution désigne un **mouvement de rupture brutale et violente**. Dans le cas du néolithique et de l'industrialisation des pays occidentaux, ce terme souligne qu'il s'agit de **deux tournants majeurs de l'histoire de l'humanité**.

1 Qu'est-ce qu'une révolution ?

A. Le succès d'un terme technique

■ Le terme « révolution » apparaît vers 1190. Hérité du bas latin *revolutio*, il désigne un processus par lequel un astre revient à son point de départ après un trajet circulaire. Ce sens, qui s'est largement diffusé en **géométrie**, est repris en 1543 par le savant polonais Copernic dans son ouvrage *Des révolutions des sphères célestes*.

■ Employé dès 1559 par l'humaniste Jacques Amyot dans le sens de « **bouleversement**, changement brutal », le terme revient en force d'Angleterre où l'expression « *English Revolution* » qualifie deux événements politiques majeurs du XVIIe siècle limitant le pouvoir de la monarchie, la *Great Rebellion* de 1642-1649 et la *Glorious Revolution* de 1688.

B. Une notion devenue pluridisciplinaire

■ À partir du XIXe siècle, la notion de révolution s'élargit avec l'apparition de l'expression **« révolution industrielle »**. Elle qualifie une conjonction d'innovations importantes (machine à vapeur, textile mécanique, acier industriel) ayant des conséquences profondes sur différents aspects de la société (massification de la production, exode rural, essor du monde ouvrier et du capitalisme, bouleversement des rapports sociaux, etc.).

■ Par analogie, le terme « révolution » se répand dans de nombreux domaines pour désigner une rupture majeure. L'archéologue australien **Vere Gordon Childe** invente autour de 1920 l'expression **« révolution néolithique »** pour parler des débuts de la culture des céréales et de la sédentarisation des humains il y a 10 ou 12 000 ans.

Mot-clé

Néolithique : terme forgé en 1865 à partir du grec *neos*, « nouveau », et *lithos*, « pierre » et désignant l'âge de la pierre polie, entre 10 000 et 2 000 ans avant notre ère.

Vu !

2 « Révolutions » industrielle et néolithique, deux réalités différentes

A. La « révolution industrielle », une rupture rapide et spectaculaire

■ Pour l'historien Paul Mantoux, au XIXe siècle, l'essor de l'industrie « fut si prompt et eut de telles conséquences qu'on a pu le comparer à une révolution ». Cette expression traduit parfaitement la sensation éprouvée par les populations devant **l'ampleur et la soudaineté** des transformations techniques « révolutionnant » leur environnement quotidien.

■ La révolution industrielle accroît brutalement les besoins en **ressources non renouvelables** (énergie, matières premières) ainsi que les **pollutions** de toutes sortes (eaux, sol, air). Elle modifie durablement les paysages tout en bouleversant les sociétés.

B. La « révolution néolithique », une évolution lente et fondamentale

■ Depuis ses origines, l'homme s'était comporté en prédateur de son milieu, c'est-à-dire qu'il y prélevait ce qui était nécessaire à sa subsistance. En **domestiquant les animaux sauvages**, en **semant et récoltant** au lieu de pratiquer la cueillette, il se détache du comportement de l'animal.

■ Capables d'accumuler des réserves alimentaires, les populations du néolithique peuvent **se sédentariser**, se grouper en villages où elles connaissent une croissance démographique sans précédent. La recherche de nourriture n'étant plus une préoccupation constante, une première division du travail peut s'instaurer et donner naissance à l'artisanat et à la pratique du troc, première forme de commerce mondial.

À RETENIR

Qu'est-ce qu'une révolution ?

→ Le terme désigne d'abord un processus par lequel un astre revient à son point de départ après **un trajet circulaire**.

→ Il prend ensuite le sens de « **bouleversement, changement brutal** ».

« Révolutions » industrielle et néolithique, deux réalités différentes

→ La « révolution industrielle » est **une rupture rapide et spectaculaire**.

→ La « révolution néolithique » est **une évolution lente et fondamentale**.

Le climat en Europe du Moyen Âge au XIXe siècle

Fiche 55

Jusqu'au XIXe siècle, les évolutions du climat peuvent être considérées comme naturelles. Ces constatations permettent de mieux mettre en perspective la situation de la période contemporaine où les influences anthropiques sont devenues majeures.

> **Mot-clé**
> **Anthropique :** qui est marqué par l'action de l'homme.

1 Reconstruire le climat du passé

A. Les limites des sources classiques

■ Les données recueillies par les pluviomètres et les thermomètres constituent des sources fondamentales. Elles sont fiables et comparables d'un point à un autre. Mais elles ne sont disponibles, pour la plupart des régions du globe, que depuis **moins d'un siècle**.

■ À partir du Moyen Âge, **les chroniques et les journaux privés** peuvent donner des informations intéressantes sur le climat : pluies diluviennes, grands froids, sécheresses anormales. Ainsi les **travaux d'Emmanuel Le Roy Ladurie** sur les dates de vendanges en Bourgogne depuis 1370 permettent-ils de distinguer des périodes chaudes et des périodes froides.

B. Le recours à la paléoclimatologie

■ Les **proxies climatiques** sont des indicateurs indirects des variations climatiques comme les **carottes de glace** ou les carottes sédimentaires extraites du sol, les sédiments marins, les stalagmites et les arbres. Ils fournissent des quantités relativement importantes de données exploitables, particulièrement pour la période postérieure à l'an mil.

> **Mot-clé**
> **Paléoclimatologie :** étude des variations climatiques terrestres du passé, principalement par l'analyse géologique des sols qui permet d'identifier les végétations d'une époque donnée.

■ Les **arbres** constituent une source majeure de données sur le climat du passé à cause de leur sensibilité aux variations de température et de pluviométrie. Ces variations sont « lisibles » en étudiant les cernes visibles sur la section de leur tronc. Mais ces données ne sont exploitables que pour le dernier millénaire, le plus vieil arbre européen identifié datant du XIe siècle.

Vu !

2 Une évolution globale du chaud vers le froid

A. L'« Optimum climatique médiéval »

■ On constate globalement une hausse des températures, particulièrement dans la période allant du IXe au XIVe siècle : Emmanuel Le Roy Ladurie l'estime à environ 1,4 °C aux alentours de l'an mil en Europe occidentale et jusqu'à 4 °C le long des côtes du Groenland. Elle correspond peut-être à un regain temporaire de l'activité solaire, particulièrement entre 1100 et 1250.

■ La vigne apparaît dès le Xe siècle dans des pays où elle était absente jusque-là (Angleterre, Allemagne, Belgique). Elle disparaît progressivement de ces régions à partir du XIVe siècle. Ces évolutions confirment la hausse des températures moyennes en Europe à cette époque même si, dans le détail, cet optimum climatique a également connu plusieurs périodes plus froides.

B. Le « Petit Âge glaciaire »

■ Entre le XIVe et le XVIIIe siècle, une baisse relativement importante mais discontinue des températures est sensible en Europe. Elle correspond globalement à des périodes de très faible activité solaire.

■ Les peintures enneigées de Bruegel, les descriptions contemporaines de froids intenses gelant jusqu'aux barriques de vin et surtout l'avancée spectaculaire de nombreux glaciers montagnards sont à l'origine de cette appellation de « Petit Âge glaciaire ». Dans la réalité, il correspond surtout au ressenti du début du XVIIIe siècle, particulièrement en France où les désastres climatiques semblent amplifier les catastrophes diplomatiques, politiques et économiques de la fin du règne de Louis XIV.

À RETENIR

Reconstruire le climat du passé

→ Les mesures des pluviomètres et des thermomètres ne sont disponibles que depuis moins d'un siècle.

→ Le recours à la paléoclimatologie est nécessaire.

Une évolution globale du chaud vers le froid

→ Une hausse des températures du IXe au XIVe siècle.

→ Une baisse relativement importante en Europe du XIVe au XVIIIe siècle.

Réchauffement climatique et relations internationales

Fiche 56

Expression définie en 1971 et couramment utilisée depuis 1988, le réchauffement climatique est **une augmentation notable de la température moyenne** observée à la surface de la Terre, tendance dont on prévoit le renforcement dans les années à venir.

1 La réalité du réchauffement climatique

A. Une mise en évidence scientifique

- Depuis la fin du XXe siècle, de nombreux travaux scientifiques ont mis en évidence des changements inquiétants survenus à l'échelle du globe. Le réchauffement climatique global est **indéniable** : la température « moyenne » à la surface du globe augmente (+ 0,7 °C de 1956 à 2016).

- Certains groupes de pression, en particulier aux États-Unis, contestent pourtant cette réalité. Ils s'appuient sur les travaux de scientifiques dits **« climatosceptiques »** qui soutiennent que la planète a déjà connu plusieurs variations fortes de température : l'« Optimum climatique médiéval » du IXe au XIVe siècle ou le « Petit Âge glaciaire » à la fin XVIIe siècle.

B. Une accélération aux conséquences désastreuses

- La grande majorité des savants met en cause les **méfaits de l'activité humaine**. Ainsi, depuis 1945, les gaz à effet de serre (GES) liés aux activités humaines « jouent un rôle important dans le réchauffement global » selon le GIEC. Les prévisions pour le milieu du XXIe siècle tablent sur un réchauffement climatique compris entre + 1,8 et + 3,5 °C.

- Les océans absorbent plus de 80 % de la chaleur additionnelle. Il en résulte **une montée du niveau des mers** de 1,8 mm par an depuis 1961 qui menace des centaines de millions d'individus vivant dans les espaces côtiers et les îles.

Mots-clés

Gaz à effet de serre : gaz comme le méthane ou l'ozone contribuant à l'effet de serre et soupçonnés d'être à l'origine du réchauffement climatique.

GIEC : groupe d'experts intergouvernemental sur l'évolution du climat. Ouvert à tous les pays membres de l'ONU, il a été créé en 1988 avec pour objectif d'évaluer les risques liés au réchauffement climatique et d'envisager des stratégies d'atténuation de ces changements.

Vu !

2 Des constats aux actes, la difficile équation des accords internationaux

A. Sommets de la Terre et Conférences des parties (COP)

- La première conférence internationale abordant le climat se tient en 1972. Considérée comme le premier des **Sommets de la Terre**, la Conférence de Stockholm aboutit à la création du Programme des Nations unies pour l'environnement (PNUE).
- Le **Sommet de la Terre de Rio** (1992) débouche sur des décisions concrètes : un plan d'action écologique pour le XXIe siècle (Agenda 21) et une convention sur le climat à l'origine du protocole de Kyoto (1997) prévoyant une réduction de l'émission des gaz à effet de serre pour les pays signataires.
- La Convention-cadre signée à Rio met en place la **COP** (Conférence des parties), c'est-à-dire la réunion annuelle de tous les États signataires, afin d'évaluer l'efficacité des accords de Rio et d'agir en fonction.

B. La faiblesse des « institutions climatiques »

- Les objectifs discutés lors des réunions internationales suscitent **des résistances**, notamment de la part des **États-Unis**. En effet, ils entrent souvent en contradiction avec des intérêts économiques majeurs ou la sauvegarde de secteurs stratégiques pour les pays concernés.
- Les objectifs fixés sont ambitieux (pour l'Union européenne, une baisse de 8 % des émissions de gaz à effet de serre), mais il n'existe **aucun pouvoir contraignant** pour veiller au respect des engagements pris. Dans les faits, les résultats sont maigres.

À RETENIR

La réalité du réchauffement climatique

→ La température « moyenne » du globe **augmente** (+ 0,7 °C de 1956 à 2016).

→ Elle entraîne **une montée du niveau des mers** menaçant des centaines de millions d'individus vivant dans les espaces côtiers et les îles.

La difficile équation des accords internationaux

→ Le Sommet de la Terre à **Rio** (1992) débouche sur **des décisions concrètes** (Agenda 21 et protocole de Kyoto).

→ Les objectifs fixés sont ambitieux mais **les résultats sont décevants**.

Les États-Unis et la question environnementale

Fiche 57

Le rapport des États-Unis à l'environnement est complexe. **Pionnier dans la préservation des ressources forestières**, creuset intellectuel majeur de la réflexion sur les « *global commons* », le pays endosse, depuis plusieurs années, l'habit du **pays leader du camp des climatosceptiques**.

1 Protéger l'environnement du pays

A. Une prise de conscience précoce

■ Les États-Unis sont pionniers dans la protection des espaces naturels. Le **premier parc national** au monde est créé à Yellowstone en 1872. Plus de 60 ont été instaurés depuis. En 1905, le président Theodore Roosevelt est à l'origine du ***Department of Agriculture's Forest Service*** à qui il attribue la mission de préserver et de développer les ressources forestières pour « les transmettre aux générations futures ».

> **Mot-clé**
>
> **Parc national :** espace naturel terrestre et maritime protégé par la loi des activités humaines qui pourraient affecter ses caractéristiques écologiques.

■ Les catastrophes écologiques liées à la déforestation et à la sécheresse comme le ***Dust Bowl*** (tempête de poussière), qui ravage le centre du pays dans les années 1930, obligent les autorités à réagir. Lors du *New Deal*, le président Franklin Delano Roosevelt crée le CCC (*Civilian Conservation Corps*) dans le but de lutter contre l'érosion et la **dégradation des sols**.

B. La diversité des politiques environnementales

■ Les **associations** et les **groupes de pression** jouent un rôle majeur dans la définition des politiques environnementales. La *National Geographic Society* milite depuis ses débuts pour la protection des ressources naturelles, tout comme le *Natural Resources Defense Council* qui effectue un lobbying intense en faveur d'une politique de protection de l'environnement.

■ Si le gouvernement fédéral est à l'origine de plusieurs initiatives, les principales actions sont décidées au niveau **des États et des villes**. Ceci entraîne de grandes disparités territoriales entre les régions « vertes » comme la Californie ou la ville de New York, qui sont depuis toujours en pointe en matière de protection de l'environnement, et les autres.

2 Une indifférence internationale ?

A. Une politique environnementale incertaine au niveau mondial

■ Les États-Unis éprouvent depuis toujours de la **méfiance** envers les grands engagements internationaux contraignants. Le protocole de Kyoto, signé par les États-Unis en 1997, n'a ainsi jamais été ratifié par les instances législatives du pays.

■ La lutte contre le réchauffement climatique est présentée par le président Obama (élu en 2008) comme une priorité. Malgré de nombreuses initiatives (journée du recyclage, etc.), en 2010, le refus du Sénat d'examiner la loi sur la limitation de l'émission de gaz à effet de serre fragilise sa position internationale. Le président signe cependant l'**accord de Paris** sur le climat en 2015 malgré les réticences d'une partie de son opinion publique.

B. Les particularités de « l'ère Trump »

■ Dès son arrivée à la Maison blanche, Donald Trump nomme successivement plusieurs **personnalités climatosceptiques** bien connues pour leurs liens avec les lobbies de l'énergie à la tête de l'*Environmental Protection Agency* (EPA), équivalent américain du ministère de l'Environnement. En 2017, le président américain annonce la sortie du pays de l'accord de Paris sur le climat. Cette sortie intervient en novembre 2020.

■ L'administration Trump mène depuis 2017 une politique de retour à la valorisation des énergies fossiles. L'exploitation du charbon est encouragée ainsi que la reprise des forages pétroliers en mer. L'EPA réduit les espaces naturels protégés contre l'exploitation des **gaz de schiste** afin de favoriser l'extraction de ces derniers.

À RETENIR

La diversité des politiques environnementales

→ Les États-Unis sont **pionniers dans la protection des espaces naturels** (parc national de Yellowstone créé en 1872).

→ Les principales actions sont décidées **au niveau des États et des villes**.

Une attitude incertaine au niveau mondial

→ Le protocole de Kyoto signé en 1997 **n'a jamais été ratifié**.

→ En 2017, le président Trump décide de **sortir de l'Accord de Paris**.

Schéma et carte pour la dissertation

Fiche 58

S'il n'y a pas de planisphère fourni, il est quand même possible d'illustrer la plupart des **sujets portant sur l'exploitation, la préservation et la protection de l'environnement** par un schéma synthétique assez simple et facilement mémorisable portant sur l'évolution de la superficie de la forêt française depuis deux siècles.

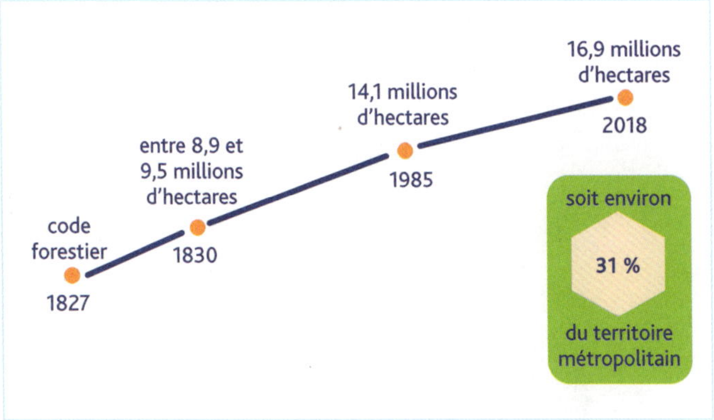

L'évolution de la superficie de la forêt française depuis le code forestier de 1827.

La surface forestière française a plus que doublé depuis 150 ans. C'est la conséquence d'une politique forestière de plus en plus cohérente (code forestier de 1827, vastes plans de reboisement à partir du Second Empire, mécanisation et rationalisation de la sylviculture et amélioration génétique des espèces).

Vu !

Si un planisphère est fourni, il est possible d'illustrer la plupart des **sujets sur le changement climatique** par une carte assez facile à mémoriser sur les prévisions concernant le réchauffement climatique.

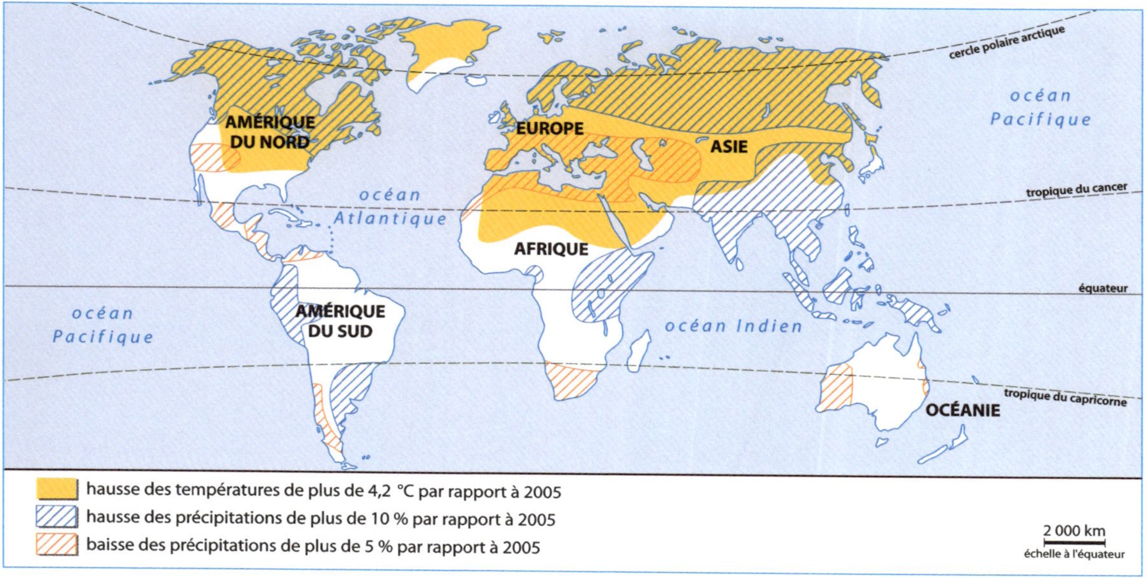

Les changements climatiques prévisibles entre 2005 et 2100.

Les prévisions pour la fin du XXIe siècle tablent sur une ampleur du réchauffement climatique avoisinant les 4,2 °C. Les océans absorberont plus de 80 % de cette chaleur additionnelle entraînant une importante montée du niveau des mers qui menacera des centaines de millions d'individus vivant dans les espaces côtiers et les îles.

L'environnement, entre exploitation et protection

CARTE 1

Comment la signification du terme « environnement » évolue-t-elle dans les années 1970 ?

→ Fiche 51

CARTE 2

Quelle est la principale rupture environnementale qu'a connue l'humanité ?

→ Fiche 52

CARTE 3

Quel est le rôle du Programme des Nations unies pour l'environnement (PNUE) ?

→ Fiche 52

CARTE 4

En quoi la forêt est-elle un élément fondamental des sociétés d'Ancien Régime ?

→ Fiche 53

CARTE 5

Quels sont les deux textes juridiques à la base du droit forestier français contemporain ?

→ Fiche 53

CARTE 6

En quoi les « révolutions » industrielle et néolithique sont-elles deux réalités différentes ?

→ Fiche 54

Réponses

CARTE 1

Dans les années 1970, le terme « environnement » perd sa signification de « milieu » pour désigner « l'ensemble des conditions naturelles et culturelles susceptibles d'agir sur les organismes vivants et les activités humaines ». Il traduit **une prise de conscience des limites des sociétés industrielles**.

CARTE 2

Après 1945, la croissance démographique et urbaine, conjuguée aux révolutions technologiques qui se succèdent sans discontinuer, **modifie irréversiblement les équilibres et les dynamiques globales de l'environnement**.

CARTE 3

Le PNUE a pour mission d'**encourager la coopération pour protéger l'environnement**. Il cherche à informer les populations et à inspirer la politique des États. Pour ce faire, il publie des rapports et participe à l'élaboration de textes fondamentaux (Agenda 21, Déclaration de Stockholm, etc.).

CARTE 4

En raison des droits d'usage, **la forêt est intensément exploitée** : on y ramasse le bois de chauffage, on y fait paître les animaux domestiques et on y pratique la cueillette. Ces compléments de ressources sont **indispensables aux sociétés rurales de l'Ancien Régime**.

CARTE 5

L'ordonnance de Colbert (1669) constitue une étape majeure dans la conservation du patrimoine sylvestre en réglementant strictement l'exploitation et la coupe des bois. **Le code forestier de 1827** reprend et étend la réglementation de l'ordonnance de 1669.

CARTE 6

Elles marquent toutes les deux **un moment clé** de l'humanité. Cependant, la « révolution industrielle » est une **rupture rapide et spectaculaire** tandis que la « révolution néolithique » est une **évolution lente et fondamentale**.

Cartes RÉVIS'EXPRESS

Révisez les points clés des fiches 55 à 57

Fiche 60

L'environnement, entre exploitation et protection

CARTE 1

De quels moyens dispose-t-on pour reconstruire les climats du passé ?

↪ Fiche 55

CARTE 2

Comment le climat évolue-t-il globalement du Moyen Âge à l'époque moderne ?

↪ Fiche 55

CARTE 3

Quelles sont les conséquences identifiées du réchauffement climatique ?

↪ Fiche 56

CARTE 4

En quoi le réchauffement climatique est-il devenu un enjeu planétaire ?

↪ Fiche 56

CARTE 5

Quelles sont les contradictions américaines face à la question environnementale ?

↪ Fiche 57

CARTE 6

Comment peut-on essayer d'expliquer les contradictions actuelles de la politique environnementale des États-Unis ?

↪ Fiche 57

Vu !

Réponses

CARTE 1

Les mesures des pluviomètres et des thermomètres n'étant disponibles, pour la plupart des régions du globe, que depuis moins d'un siècle, le recours à la **paléoclimatologie** est nécessaire ainsi qu'aux **témoignages fournis par les chroniques et les journaux privés.**

CARTE 2

Globalement, on constate **une hausse des températures** du IXe au XIVe siècle (« Optimum climatique médiéval »), puis **une baisse relativement importante** mais discontinue en Europe du XIVe au XVIIIe siècle (« Petit Âge glaciaire »).

CARTE 3

Le réchauffement climatique occasionne de nombreuses **modifications des écosystèmes**, avec d'importantes **conséquences sur les sociétés humaines** : élévation du niveau de la mer, acidification des océans, submersion des littoraux, perturbation du régime des précipitations.

CARTE 4

L'accélération du réchauffement climatique, **d'origine anthropique** (c'est-à-dire liée aux activités humaines), est devenue un enjeu planétaire. Les **instances internationales** essaient de prendre des mesures exceptionnelles pour faire face au phénomène.

CARTE 5

Creuset intellectuel majeur de la réflexion sur les *« global commons »*, les États-Unis endossent, depuis plusieurs années, l'habit du **pays leader du camp des climatosceptiques**. Ils entravent la mise en place d'une gouvernance mondiale sur le climat (retrait de l'Accord de Paris de 2015).

CARTE 6

Le pays est tiraillé entre des **pouvoirs locaux très divers**, des **groupes de pression industriels** hétéroclites mais puissants et un gouvernement fédéral aujourd'hui sans cohérence. De ce fait, les États-Unis n'ont pas une mais **des politiques environnementales contradictoires**.

La société de la connaissance (1)

Fiche 61

Employée dès 1969 dans l'essai de Peter Drucker *La Grande Mutation*, l'expression « société de la connaissance » *(knowledge society)* désigne, au départ, les sociétés où **le savoir**, porté et décuplé par les technologies de l'information, **devient progressivement le moteur premier de l'économie**.

1 Une vision américaine du monde

A. La connaissance, nouveau capital

■ Pour Peter Drucker, la connaissance devient, dans le contexte de la mondialisation, **le « capital » central** des entreprises occidentales.

■ Ce qui faisait la puissance de ces entreprises autrefois (l'ouvrier, le producteur « physique ») n'est plus nécessaire à leur développement puisqu'elles peuvent utiliser, par sous-traitance, les forces de travail physiques des pays du Sud. En revanche, le ***« knowledge worker »*** (travailleur de la connaissance) leur est indispensable pour dominer les nouveaux domaines fondant la puissance économique (logique mathématique, réseaux informatiques, etc.).

B. Une nouvelle phase du capitalisme ?

■ Les pays occidentaux, fondateurs de l'éducation moderne, ont, d'après Peter Drucker, un demi-siècle d'avance sur le reste du monde dans le domaine scolaire, plus particulièrement scientifique. Ils ont les moyens de conserver cet atout en faisant **évoluer leur système de formation**, pour qu'il soit à l'écoute des nouveaux besoins des entreprises, plus **flexible et interdisciplinaire**.

■ La « société de la connaissance » est vue par de nombreux économistes comme une nouvelle phase du capitalisme. Elle permettrait le maintien de la **domination économique de l'Occident** et plus particulièrement des États-Unis.

2 Un concept parfois contesté

A. Un concept marqué par le néolibéralisme

■ Sans le citer nommément, Peter Drucker fait fréquemment référence aux théories de **Milton Friedman**, figure de proue du néolibéralisme des années 1970. Selon ces théories, l'État-providence *(Welfare State)*, utile lors de la crise des années 1930, n'a plus de justification contemporaine. Il doit évoluer vers un État social actif *(Workfare State)* dont le but est de former un « nouveau capital humain » nécessaire aux mutations des entreprises vers la société de la connaissance.

Mot-clé

Néolibéralisme : renouvellement d[…] thèses économiques libérales à par[…] des années 1970 prônant un déseng[…]gement de l'État dans l'économie.

■ Ce qui importe pour le bien des sociétés contemporaines n'est pas, selon Peter Drucker, que l'État rende directement « les pauvres plus riches » mais qu'il les rende **« plus productifs »**.

B. Un concept devenu universel ?

■ L'importance de **la maîtrise du « savoir technique »** devient une idée à la mode en Europe au moment où la crise économique balaie la société industrielle classique née au XIXe siècle. Apparaît alors la nécessité très médiatisée de **« réhabiliter l'entreprise »** en montrant que celle-ci n'est plus celle, vieillotte, de la révolution industrielle, mais qu'elle est entrée dans un nouvel âge valorisant, celui de « l'économie de la connaissance ».

■ À partir des années 1980, les mutations industrielles nécessaires pour sauver la puissance économique occidentale s'orientent rapidement vers les **entreprises de haute technologie** ou les **métiers dits « de l'intelligence »** (conception, ingénierie, design, etc.). Les analyses de Peter Drucker commencent à se diffuser largement.

■ Au début du XXIe siècle, le terme « société de la connaissance », trop connoté années 1980, s'efface progressivement au profit de l'expression **« société de l'information »**, mais le concept n'a guère changé.

À RETENIR

La connaissance, nouveau capital

→ **Le « *knowledge worker* » est indispensable** pour dominer les nouveaux domaines fondant la puissance économique.

→ Les pays occidentaux dominent la **formation scientifique** de haut niveau.

Un concept néolibéral

→ Il faut « **réhabiliter l'entreprise** » et lui donner les moyens d'être en phase avec « l'économie de la connaissance ».

→ L'**État providence** *(Welfare State)* doit évoluer vers un **État social actif** *(Workfare State)*.

La société de la connaissance (2)

Fiche 62

Le monde actuel a vu émerger la primauté de « l'expertise ». La communauté scientifique, aujourd'hui totalement mondialisée, jouit d'une réputation considérable car elle représente à la fois **l'innovation et la recherche**, au cœur du développement économique contemporain.

1 L'organisation de la « société de la connaissance »

A. La communauté scientifique

■ Le terme « savant » apparaît au XVIIe siècle pour distinguer les hommes de sciences des érudits ou des humanistes. Mais il reste encore ambigu car, dans le langage courant, par exemple, l'expression **« sociétés savantes »** désigne alors toujours des associations d'érudits locaux. Au XIXe siècle, la technicité croissante de la recherche et la croyance de plus en plus répandue dans le progrès humain **valorisent la figure du « savant »** qui devient un « scientifique ».

■ La complexité croissante de la recherche oblige les scientifiques à **se spécialiser**. À partir de la fin du XIXe siècle, nul scientifique ne peut travailler seul dans son laboratoire. Il faut constituer des équipes, s'informer du progrès des autres, partager les connaissances acquises, valoriser ses propres travaux. Ainsi se développent les revues spécialisées, les colloques, les conférences, qui unissent ce que l'on appelle désormais **la communauté scientifique**.

B. Les institutions de la recherche

■ Elles contribuent à **structurer la communauté scientifique**. Dans le secteur public, la plupart des pays ont suivi l'exemple français (fondation du CNRS par le Front populaire en 1939) en créant des **centres nationaux** de recherche fondamentale qui ont remplacé (ou muséifié) les vieilles académies savantes et autres instituts nés à l'époque moderne.

■ La majeure partie de la **recherche appliquée** (à finalité économique) est effectuée directement par les grandes entreprises, particulièrement dans des laboratoires de recherche et développement (R&D) qui sont l'objet d'investissements massifs. Plusieurs pays (États-Unis, Allemagne, Royaume-Uni) ont développé des fondations privées qui financent à la fois la recherche fondamentale et appliquée.

2 La circulation des connaissances

A. « Publier ou périr »

■ Il y a **plus de 100 000 revues scientifiques** dans le monde aujourd'hui. Une centaine d'entre elles, majeures, « font » la réputation internationale d'un chercheur. Les revues les plus prestigieuses, presque toutes anglo-saxonnes, comme *Science* ou *Nature*, refusent jusqu'à 95 % des articles qui leur sont proposés. Être publié par l'une d'elles, c'est être assuré, pour le scientifique, d'une visibilité mondiale et d'une reconnaissance par ses pairs.

■ Les distinctions attribuées aux chercheurs accentuent la compétition à l'intérieur de la communauté scientifique. Recevoir le **prix Nobel**, au-delà de la gloire passagère, procure la certitude d'obtenir des moyens supplémentaires et une liberté de recherche accrue.

B. La prédominance du collectif

■ La recherche scientifique est aujourd'hui essentiellement **collective**. La quasi-totalité des publications scientifiques contemporaines sont signées par au moins deux auteurs. La majorité est désormais le fruit d'une **coopération internationale**.

■ En 2019, les laboratoires publics français ont travaillé avec des chercheurs de plus de 150 nationalités différentes. Le coût de plus en plus élevé de la science moderne accentue cette collaboration internationale et la **mutualisation des ressources**, comme en témoigne le centre d'étude nucléaire français de **Cadarache**, le plus performant d'Europe.

À RETENIR

L'organisation de la « société de la connaissance »	→ Elle s'incarne dans la **communauté scientifique**. → Elle est structurée par les **organismes de recherche** publics ou privés.
La circulation des connaissances	→ Plus de 100 000 **revues scientifiques** dans le monde. → Une **collaboration internationale** et la mutualisation des ressources.

L'alphabétisation des femmes depuis le XVIe siècle

Fiche 63

Il faut attendre le **XIXe siècle** pour que **l'alphabétisation des femmes** devienne une réalité **dans les pays occidentaux**. **Dans le reste du monde**, la situation ne commence réellement à s'améliorer qu'**après la Seconde Guerre mondiale**.

1 L'alphabétisation des femmes jusqu'à la Seconde Guerre mondiale

A. Les femmes et le savoir

- Dans la plupart des sociétés humaines anciennes, les femmes sont considérées comme **inférieures**, particulièrement dans celles imprégnées des religions monothéistes héritières de la Bible.
- La **réflexion humaniste** ne s'inscrit pas dans cette représentation traditionnelle. Mais en voulant se dégager de la morale religieuse des siècles passés qu'ils jugent obscurantiste, les humanistes ne font que **déplacer les causes** de la prétendue infériorité féminine, qui serait selon eux d'abord physique (le « sexe faible ») et mentale (la difficulté « à percevoir l'abstraction, à inventer »).

B. Les réalités de l'alphabétisation

- L'alphabétisation de masse apparaît nécessaire dans les pays occidentaux dès le milieu du XIXe siècle. Presque partout, la législation impose **l'école primaire obligatoire et gratuite** pour les deux sexes. Mais la persistance des idées des Lumières sur les « limitations » des capacités cognitives des femmes est tenace. **Peu d'entre elles** accèdent dans les faits à l'enseignement secondaire. En France, en 1939, on ne compte qu'un peu moins de 8 000 jeunes filles bachelières, soit environ 2 % d'une classe d'âge.
- En 1939, **dans les empires coloniaux** européens, qui représentent plus du tiers de la population mondiale, la situation est encore plus défavorable. Malgré les discours officiels, moins de 10 % des populations locales sont scolarisées de manière équivalente aux métropoles.
- **En Chine**, pays représentant plus du quart de la population mondiale en 1910, le taux d'alphabétisation est globalement de 30 % et il est surtout masculin. Celui des femmes se situe entre 2 et 10 %. En 1945, il ne dépasse pas les 15 %.

Mot-clé

Taux d'alphabétisation : pourcentage de personnes ayant appris à lire et à écrire.

2 Les évolutions contemporaines

A. Une généralisation rapide de l'alphabétisation

■ Depuis la Seconde Guerre mondiale, la quasi-totalité des populations occidentales est alphabétisée.

■ Entre 1960 et 2019, le taux d'alphabétisation mondial passe de 40 à 90 % et celui des femmes de 20 à 80 %. Des discriminations importantes liées à la pauvreté perdurent néanmoins.

■ Aujourd'hui, environ 200 millions d'enfants âgés de 5 à 14 ans travaillent dans le monde, surtout en Afrique subsaharienne et en Asie. Parmi eux, les filles sont majoritaires, particulièrement en Afrique subsaharienne.

B. Alphabétisation et condition féminine

■ Selon les estimations de l'Unesco, le nombre d'analphabètes à travers le monde s'élève à près de 800 millions d'adultes. L'Afrique subsaharienne est la région du monde où la situation est la plus difficile : dans cette région, à peine une femme adulte sur deux sait lire et écrire. Les femmes représentent environ les trois quarts des personnes analphabètes dans le monde.

Mot-clé

Analphabète : person[ne] qui n'a jamais appris [à] lire et à écrire.

■ Les femmes qui souffrent de l'analphabétisme sont cantonnées aux tâches domestiques et traditionnelles. Elles sont condamnées à l'ignorance et leur participation au développement de leur pays est très limitée. Elles manquent d'informations pour préserver leur santé, protéger leurs enfants contre les maladies et jouir pleinement de leurs droits.

À RETENIR

L'alphabétisation des femmes avant le XXe siècle

→ Dans la plupart des sociétés humaines anciennes, les femmes sont vues comme inférieures.

→ L'alphabétisation de masse débute dans les pays occidentaux au milieu du XIXe siècle.

Les évolutions contemporaines

→ Aujourd'hui, la quasi-totalité des populations occidentales est alphabétisée.

→ Près de trois quarts des personnes analphabètes dans le monde sont des femmes.

Recherches et échanges sur la science au début du XXe siècle

Fiche 64

À partir de la fin du XIXe siècle et jusqu'au milieu du XXe siècle, **les découvertes scientifiques fondamentales s'accélèrent**. L'étude des lois du rayonnement amène la communauté scientifique à construire des **théories nouvelles** pour tenter de comprendre et d'expliquer le monde.

1 Les progrès des sciences au début du XXe siècle

A. Les mutations de l'enseignement scientifique

- La fin du XIXe siècle correspond au développement de l'enseignement scientifique. La multiplication des instituts techniques et l'amélioration des laboratoires se conjuguent avec l'**augmentation du nombre de scientifiques** et, par ricochet, d'étudiants formés.
- Les savants ne peuvent plus être universels. Ils doivent choisir le secteur, toujours plus étroit, dans lequel ils vont **se spécialiser**. Le fonctionnement en laboratoire devient la norme.

B. L'internationalisation des échanges intellectuels

- Les **revues scientifiques** se multiplient de manière extrêmement rapide. Elles permettent des échanges et une collaboration accrue entre les savants du monde entier.
- Les congrès sont de plus en plus nombreux et certains obtiennent un retentissement planétaire. À partir de 1911 se tient périodiquement à Bruxelles le **congrès Solvay** – du nom d'un chimiste et industriel belge – qui rassemble les noms les plus prestigieux de la recherche en physique et en chimie.
- À sa mort, le savant suédois **Alfred Nobel** fonde par testament un prix destiné aux personnes « ayant rendu de grands services à l'humanité [...] dans le domaine des savoirs et de la culture ». Parmi les cinq catégories retenues, les sciences s'en voient attribuer trois (physique, chimie, médecine ou biologie). Dès sa création en 1901, ce prix devient un moyen de reconnaissance prestigieux du travail des plus grands scientifiques mondiaux.

2 De la radioactivité à la physique nucléaire

A. L'œuvre des Curie

- Les travaux de l'Allemand Wilhelm Röntgen confirment la théorie de Lorentz, suivant laquelle l'électricité est composée du déplacement de particules infiniment petites, les électrons. En même temps, **Röntgen découvre les rayons X** et permet ainsi l'invention de la radiographie. L'émission spontanée des rayons « uraniques » de certains corps est révélée en 1896 par le Français Henri Becquerel.

■ Intrigué par la découverte de Becquerel, un couple de physiciens, **Pierre et Marie Curie**, met en évidence que l'origine de ce **rayonnement** est due à certains éléments comme l'uranium. Ils parviennent ensuite à isoler deux nouveaux éléments radioactifs, **le radium et le polonium**.

B. Vers la physique nucléaire

■ L'étude des lois du rayonnement, des électrons et des atomes amène mathématiciens, philosophes et physiciens à construire des théories nouvelles pour tenter de comprendre et d'expliquer le monde. En 1900, Max Planck formule la théorie des « quanta », par laquelle il nie que l'énergie s'écoule de façon continue. **Albert Einstein**, cinq ans plus tard, précise la théorie de la relativité. Ainsi s'engagent des études qui vont conduire à la physique nucléaire.

■ Alors que, dans l'entre-deux-guerres, la plupart des travaux portent sur des substances radioactives présentes sur la Terre, Frédéric Joliot et Irène Curie démontrent, en 1934, que l'homme peut créer des éléments radioactifs. En 1938, ils découvrent le principe de la réaction en chaîne. En 1942, Enrico Fermi parvient à réaliser cette réaction en chaîne dans un laboratoire américain. La voie conduisant à la **bombe atomique** était tracée.

■ Au début des années 1950, le couple Joliot-Curie incarne l'**institutionnalisation** de la physique nucléaire. Irène dirige l'Institut du radium (lutte contre le cancer) et Frédéric le Commissariat à l'énergie atomique (CEA).

À RETENIR

Les progrès des sciences

→ **Les chercheurs se spécialisent** et fonctionnent de plus en plus en équipe.

→ **La circulation des connaissances s'accentue** (congrès, revues, colloques).

De la radioactivité à la physique nucléaire

→ La radioactivité est découverte par **Pierre et Marie Curie**.

→ Le principe de la réaction en chaîne est découvert par **Frédéric Joliot et Irène Curie**.

Les services secrets soviétiques et américains durant la guerre froide

Fiche 65

Pendant la **guerre froide** (1947-1991), tout affrontement direct étant impossible entre Américains et Soviétiques, le combat se déplace sur le terrain de **la maîtrise de l'information** et de la déstabilisation de l'autre par **une politique « d'intoxication » mutuelle**.

1 Une logique de conflit idéologique

A. La récupération du potentiel scientifique nazi

■ À la fin de la Seconde Guerre mondiale, les services secrets des grandes puissances se livrent à une concurrence acharnée dans l'**exfiltration des scientifiques nazis**. La perspective d'une course technologique effrénée qui se dessine (nucléaire, conquête de l'espace, etc.) y est pour beaucoup.

■ Près de 5 000 savants allemands sont envoyés en **URSS** entre 1945 et 1949. Les **États-Unis** en récupèrent environ 3 000 (opération dite « *Paperclip* ») et la **France** plus de 1 000.

B. La CIA, omniprésente sur la scène internationale

■ Voté en 1947, le *National Security Act* entérine la création de la **CIA** *(Central Intelligence Agency)* dont les principaux objectifs sont l'espionnage et le contre-espionnage. Sa mission est à la fois d'expérimenter de nouvelles techniques de manipulation des esprits et de s'opposer par tous les moyens à la **progression communiste** dans le monde.

■ Chargée de soutenir la politique américaine globale d'**endiguement**, la CIA multiplie les interventions plus ou moins secrètes face à l'idéologie communiste. Elle aide ainsi largement à faire renverser Salvador Allende au Chili en 1973.

C. Le KGB, fer de lance du système soviétique

■ Dépendant directement du pouvoir soviétique (le *Politburo*), le **KGB** (Comité pour la sécurité de l'État) est avant tout **une police politique** chargée de surveiller et de traquer les opposants à l'intérieur de l'URSS et dans les pays « amis ».

■ La guerre froide amplifie et modifie les objectifs fixés au KGB qui s'élargissent aux opérations de **propagande**, d'**ingérence** dans la politique des Occidentaux et dans la recherche systématique de **renseignements** militaires, économiques et scientifiques.

■ Au plus fort de la guerre froide, on estime que le KGB a « employé » près de 6 millions de personnes. Il peut compter sur environ **1 million d'espions légaux** (avec des couvertures officielles dans les ambassades) **et illégaux** (membres des services secrets appelés « taupes », introduits dans les pays étrangers sans être reconnus), auxquels il faut ajouter plus de 5 millions d'informateurs occasionnels.

2 Une compétition sans vainqueurs

A. Une confrontation parfois spectaculaire

■ Les échanges de prisonniers américains et soviétiques sur le « pont des espions » entre Berlin Est et Berlin Ouest ainsi que quelques affaires de « taupes » célèbres, toutes au service du KGB (Philby, Blunt, Guillaume), ont largement contribué à **médiatiser l'action des services secrets** durant la guerre froide.

■ Cette compétition inspire la **littérature** (John Le Carré) et le **cinéma** *(L'Espion qui venait du froid).*

B. Un match nul

■ Dans la réalité, cette confrontation ne donna réellement l'avantage à **aucun des deux camps**. La CIA ne réussit pas à prévoir le tir de la première bombe atomique soviétique en 1949 ni le succès de *Spoutnik* en 1957. De même, le KGB ne parvint pas à rattraper son retard informatique malgré ses « taupes » placées dans les services de recherche occidentaux, ni à prévenir le Printemps de Prague en 1968.

■ L'**espionnage industriel** développé par le Japon dans les années 1960 puis poursuivi par la Chine dans les années 1980 a été, paradoxalement, beaucoup plus efficace.

À RETENIR

Une logique de conflit idéologique

→ La CIA est chargée de **soutenir la politique américaine d'endiguement** communiste.

→ Le KGB a œuvré à la **recherche systématique de renseignements** militaires, économiques et scientifiques.

Un match nul

→ La confrontation des services secrets n'a donné **l'avantage à aucun camp**.

→ L'espionnage industriel développé par le **Japon** et poursuivi par la **Chine** a été plus efficace.

L'Inde et les enjeux de la connaissance

Fiche 66

L'Inde a su tirer profit de la mondialisation en envoyant ses étudiants dans des **universités étrangères** et en formant des **chercheurs de haut niveau**. En retour, de nombreuses firmes transnationales (FTN) y ont externalisé leur production, faisant bénéficier le pays de **nombreux transferts de technologie**.

1 L'Inde des « cerveaux »

A. Une tradition universitaire

- Il existe une ancestrale tradition brahmanique d'étude des textes sacrés. Cette tradition s'est ouverte à l'Occident avec les établissements créés par l'administration anglaise comme l'université de Calcutta, en 1857. Fondée dans cette même ville en 1876, l'Association indienne pour la culture de la science (IACS) encourage la **formation de scientifiques de haut niveau**. En 1930, l'un de ses membres, Chandrashekhara Venkata Râman, reçoit le prix Nobel de physique.
- Après l'indépendance de 1947, Nehru engage une politique de **promotion de la culture scientifique**. L'enseignement supérieur est réorganisé par l'État qui crée des instituts de technologie sur le modèle du *Massachusetts Institute of Technology* (MIT) de Boston.

B. L'enseignement supérieur aujourd'hui

- Le nombre d'étudiants a augmenté en Inde de façon spectaculaire en passant de 300 000 en 1949 à plus de **14 millions** aujourd'hui, soit près de 20 % des 20-24 ans. L'Inde possède, en nombre d'institutions, le plus grand système d'enseignement secondaire et supérieur au monde, avec plus de **730 universités** et 45 000 collèges.
- Plus de 2 millions de diplômés annuels sortent chaque année des établissements universitaires indiens. Parmi eux, une minorité, hautement qualifiée, est issue des très sélectifs **instituts de technologie (ITT)**.

2 Une « diaspora de la connaissance »

A. Les Indiens en Amérique

- Avec des effectifs frôlant les 200 000, les étudiants indiens constituent la **deuxième communauté étudiante** aux États-Unis, après les Chinois. Beaucoup viennent pour y préparer un doctorat en sciences ou un *Master of Business Administration* (MBA).

■ Le passage à une « économie de la connaissance » requiert de nombreux ingénieurs et informaticiens. L'Inde en produit beaucoup et ils sont anglophones. Ils sont des milliers dans la Silicon Valley où ils forment une bonne partie des cadres de Microsoft, Intel, Apple et désormais Google.

B. Diaspora et transferts technologiques

■ La vision qu'a l'Inde de ses expatriés a changé depuis les années 2000. Autrefois mal considérés, ils sont désormais valorisés. Les transferts financiers des émigrés sont importants (30 milliards de dollars par an) et vitaux pour les familles restées sur place.

■ La diaspora est un agent majeur de l'internationalisation de l'Inde. Elle entretient des liens étroits avec la mère patrie. De nombreuses sociétés américaines high-tech ont des cadres d'origine indienne. Ces derniers soutiennent volontiers l'essor des hautes technologies en Inde, en subventionnant par exemple les instituts qui les ont formés.

■ Des milliers de FTN occidentales font appel à des sous-traitants indiens hautement qualifiés, induisant un transfert de connaissances, de technologies et de capitaux, particulièrement dans les domaines des services aux entreprises, de la recherche et développement et de l'ingénierie. Dans ces secteurs, l'Inde dispose d'un atout comparatif décisif : ses diplômés sont rémunérés quatre fois moins que leurs homologues occidentaux.

Mot-clé

Recherche et développement (R&D) : domain d'activité recouvrant le travaux de recherch fondamentale et applquée ainsi que le développement expérimenta

À RETENIR

L'Inde des « cerveaux »

→ Après 1949, Nehru engage une politique de promotion de la culture scientifique.

→ Il y a 2 millions de diplômés universitaires chaque année en Inde.

Une « diaspora de la connaissance »

→ On compte 200 000 étudiants indiens aux États-Unis.

→ Des milliers de FTN occidentales font appel à des sous-traitants indiens hautement qualifiés.

Le cyberespace : conflictualité et coopération

Fiche 67

En 1982, l'auteur de science-fiction William Gibson définit le cyberespace comme **« une représentation abstraite des relations entre les systèmes de données »**. Cette définition s'élargit progressivement à l'ensemble des données numérisées mise en réseau par l'interconnexion des ordinateurs mondiaux.

1 Le cyberespace, un lieu de communication complexe

A. La société de la connaissance numérique

- Le cyberespace, selon l'INSEE, se définit comme « l'ensemble de **réseaux mondiaux interconnectés** qui permet à des ordinateurs et à des serveurs de communiquer » et dont « les principaux services sont le web, le FTP [le transfert de fichier], la messagerie et les groupes de discussion ».

> **Mot-clé**
> **Cyberespace :** conception de l'organisation d'un nouvel espace selon la dynamique informatique.

- Le cyberespace favorise la **diffusion planétaire et instantanée** d'une quantité exponentielle d'informations. Des géants du cyberespace comme Google prétendent promouvoir un accès universel, en temps réel, à l'ensemble des connaissances disponibles. Les milliards de pages web d'Internet constituent un outil redoutable de lutte contre la censure, favorisant la transparence et la **liberté d'expression**.

B. La transparence ambiguë du cyberespace

- Laurent Cohen-Tanugi résume ces ambiguïtés en affirmant que le cyberespace devient « **un espace dual** où cohabitent serveurs standard et serveurs sécurisés, alcôves de confidentialité au milieu de la vaste halle d'exposition, extrême transparence et extrême secret ».
- Le psychanalyste Roland Gori décrit l'emprise habile des géants du Net poussant les Internautes à accepter des politiques de confidentialité toujours plus souples : « Sans violence, à force de séduction et de services nouveaux, la Toile achève de vider la notion de "**vie privée**" de toute signification. »

2 Le cyberespace, un lieu de conflictualité

A. La vulnérabilité du cyberespace

- En recourant à la diffusion massive sur Internet d'informations classées « secret défense », les hacktivistes – contraction de

« *hackers* » et « activistes » – prétendent dénoncer les exactions commises en temps de guerre par les États, mais aussi révéler au grand jour les **mécanismes de surveillance** généralisée sur le Net, mis en place par les États-Unis notamment.

■ **Réseaux criminels** et terroristes, pirates et services secrets d'États autoritaires se lancent régulièrement dans des **cyberattaques** mettant en péril la protection du secret défense, des données sensibles des entreprises et des informations personnelles des Internautes.

B. Protection et cyberdéfense

■ Depuis 1978, la **France** s'est dotée d'une **loi Informatique et Libertés** anticipant les dangers que le cyberespace fait courir aux libertés individuelles. En 2018, l'**Union européenne** s'est dotée d'un arsenal juridique destiné à la protection des données et de la vie privée en ligne, le **RGPD** (Règlement général sur la protection des données personnelles).

■ Face à la cyberguerre, les États recourent à des **systèmes de cryptologie** de plus en plus perfectionnés pour éviter de voir leurs données sensibles piratées. Les armées, plus particulièrement, s'équipent de puissants outils pour anticiper les **menaces informatiques** et éventuellement se dotent de moyens pour attaquer elles-mêmes dans ce domaine.

> **Mot-clé**
> **Cyberguerre :** nouv
> conception de la gu
> selon des modal
> informatiques.

■ Les **entreprises** ont aussi renforcé la sécurité de leurs systèmes de communication sur Internet (usage de messageries chiffrées, sécurisation des paiements en ligne ou des signatures numériques).

À RETENIR

Un lieu de communication complexe

→ La diffusion planétaire et instantanée d'**une quantité exponentielle d'informations**.

→ Un espace dual où cohabitent **« extrême transparence et extrême secret »**.

Un lieu de conflictualité

→ **Un lieu vulnérable** (*hackers*, réseaux criminels, surveillance étatique).

→ Les États et les entreprises doivent organiser **une cyberdéfense** pour se protéger.

Schémas pour la dissertation

Fiche 68

Il est possible d'illustrer la plupart des **sujets portant sur la production et la diffusion des connaissances** par un schéma synthétique assez simple et facilement mémorisable expliquant la façon dont sont produites et valorisées les publications scientifiques.

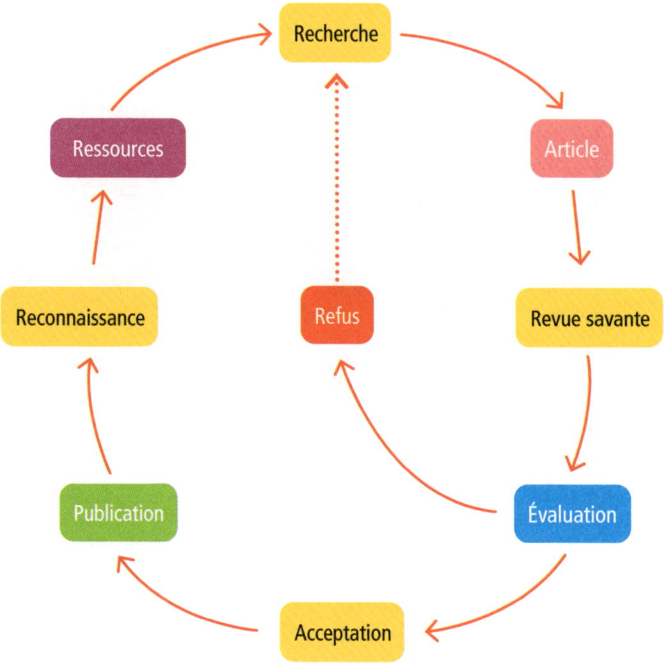

Circulation et valorisation de la connaissance par les publications dans les grandes revues spécialisées.

Les revues scientifiques les plus prestigieuses – presque toutes anglo-saxonnes – comme *Science* ou *Nature*, « font » la réputation internationale d'un chercheur. Être publié par l'une d'elles, c'est être assuré d'une visibilité mondiale et d'une reconnaissance par ses pairs. Certains dénoncent l'appauvrissement des champs de la recherche qui en découle. Les chercheurs qui travaillent sur un sujet qui n'est pas « publiable » dans les grandes revues ou dans un domaine sans débouché marchand immédiat (les sciences humaines) se retrouvent souvent marginalisés.

Il est possible d'illustrer la plupart des **sujets portant sur la connaissance comme enjeu politique et géopolitique** par un schéma assez facile à mémoriser **des rivalités des services secrets américains et soviétiques** dans le contexte idéologique de la guerre froide.

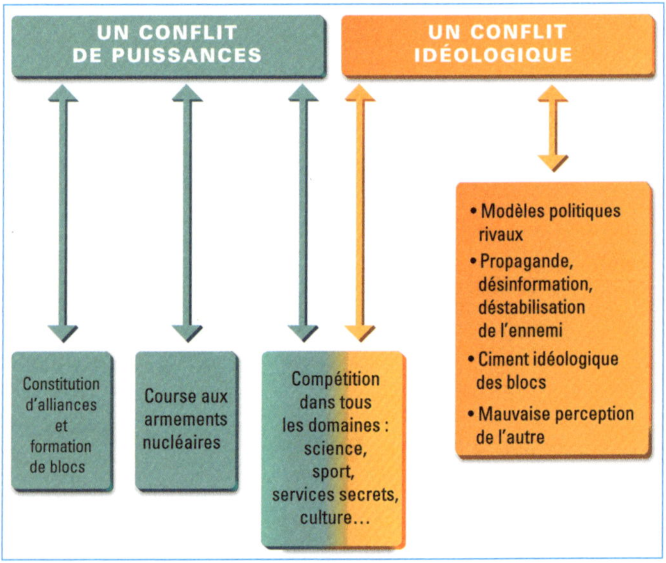

Les rivalités des services secrets américains et soviétiques dans le contexte idéologique de la guerre froide.

Cette rivalité parfois spectaculaire n'a donné réellement l'avantage à aucun des deux camps. La CIA n'a pas réussi à prévoir le tir de la première bombe atomique soviétique en 1949, ni le succès de *Spoutnik* en 1957. De même, le KGB n'est pas parvenu à rattraper son retard informatique malgré ses « taupes » parmi les services de recherche occidentaux, ni à prévenir le Printemps de Prague en 1968.

Cartes RÉVIS'EXPRESS

Révisez les points clés des fiches 61 à 64

Fiche 69

L'enjeu de la connaissance

CARTE 1

Pourquoi, selon Peter Drucker, le « *knowledge worker* » (travailleur de la connaissance) est-il indispensable à l'entreprise occidentale ?

→ Fiche 61

CARTE 2

Comment l'État doit-il évoluer dans les pays occidentaux, selon Peter Drucker ?

→ Fiche 61

CARTE 3

Comment la « communauté scientifique » est-elle née au tournant du XXe siècle ?

→ Fiche 62

CARTE 4

Pourquoi une publication dans une revue scientifique prestigieuse est quelque chose d'important pour la communauté scientifique ?

→ Fiche 62

CARTE 5

Où subsiste l'analphabétisme féminin dans le monde de nos jours ?

→ Fiche 63

CARTE 6

Comment la circulation et la valorisation de la connaissance scientifique s'accentuent-elles au début du XXe siècle ?

→ Fiche 64

Vu !

Réponses

CARTE 1

Le « *knowledge worker* » est indispensable pour **dominer les nouveaux domaines fondant la puissance économique** (logique mathématique, réseaux informatiques, etc.). Les entreprises occidentales peuvent sous-traiter les forces de travail physique dans les pays du Sud.

CARTE 2

Selon Peter Drucker, l'**État-providence (*Welfare State*)** doit évoluer vers un État social actif *(Workfare State)* dont le but est de former un « nouveau capital humain » nécessaire aux mutations des entreprises vers la société de la connaissance.

CARTE 3

La complexité de la recherche oblige les scientifiques à constituer des équipes, s'informer du progrès des autres, partager les connaissances, valoriser ses propres travaux par les revues spécialisées, colloques. **Ces liens développent et unissent la communauté scientifique**.

CARTE 4

Les revues les plus prestigieuses – presque toutes anglo-saxonnes – **« font » la réputation internationale d'un chercheur**. Être publié par l'une d'elles, c'est être assuré, pour le scientifique, d'une **visibilité mondiale** et d'une **reconnaissance par ses pairs**.

CARTE 5

Parmi les 800 millions d'analphabètes aujourd'hui dans le monde, près des trois quarts sont des femmes. C'est en **Afrique subsaharienne**, où à peine une femme adulte sur deux sait lire et écrire, que la situation est la plus difficile.

CARTE 6

Les **revues scientifiques** et les **congrès** (comme le congrès Solvay) se multiplient. À sa mort en 1901, le savant suédois **Alfred Nobel** fonde un prix destiné aux personnes « ayant rendu de grands services à l'humanité [...] dans le domaine des savoirs et de la culture ».

L'enjeu de la connaissance

CARTE 1

Quelles sont les missions attribuées à la CIA durant la guerre froide ?

→ Fiche 65

CARTE 2

Quelles sont les missions attribuées au KGB durant la guerre froide ?

→ Fiche 65

CARTE 3

Quel est le bilan de la compétition entre les services secrets américains et soviétiques durant la guerre froide ?

→ Fiche 65

CARTE 4

Quel rôle joue Nehru dans le développement de l'enseignement scientifique en Inde ?

→ Fiche 66

CARTE 5

En quoi le cyberespace contribue-t-il à la transparence et à la liberté d'expression ?

→ Fiche 67

CARTE 6

Qu'est-ce que la cyberdéfense ?

→ Fiche 67

Vu !

Réponses

CARTE 1

La CIA a pour principaux objectifs l'espionnage et le contre-espionnage. Sa mission est à la fois d'expérimenter de **nouvelles techniques de manipulation des esprits** et de **s'opposer à la progression communiste** dans le monde.

CARTE 2

Le KGB est **une police politique intérieure**. La guerre froide modifie ses objectifs qui s'élargissent aux opérations de **propagande**, d'**ingérence** dans la politique des Occidentaux et dans la **recherche de renseignements** militaires, économiques et scientifiques.

CARTE 3

Cette confrontation ne donna réellement l'avantage à aucun des deux camps. L'espionnage industriel développé par le Japon dans les années 1960 puis poursuivi par la Chine a été, dans les faits, beaucoup plus efficace.

CARTE 4

Après l'indépendance de l'Inde en 1947, Nehru engage **une politique de promotion de la culture scientifique**. L'enseignement supérieur est réorganisé par l'État qui crée des instituts de technologie (ITT) très sélectifs, sur le modèle du MIT de Boston.

CARTE 5

Le cyberespace favorise **la diffusion planétaire et instantanée d'une quantité exponentielle d'informations**. Les milliards de pages Web constituent **un outil redoutable de lutte contre la censure** favorisant la transparence et la liberté d'expression.

CARTE 6

C'est **une nouvelle conception de la guerre** selon des modalités informatiques. Les armées s'équipent de puissants outils pour **anticiper les menaces informatiques** et éventuellement se dotent de moyens pour **attaquer elles-mêmes** dans ce domaine.